SEWING RECIPE

改訂版

月居良子のソーイングレシピ

作りながらマスターする、ソーイングの基礎

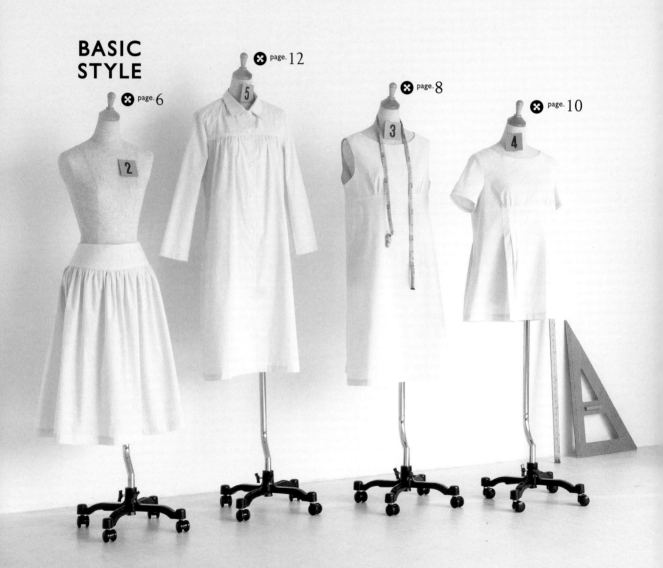

CONTENTS

TECHNIQUE

page.4

page.14

BASIC STYLE 1

A-line skirt

B

A

▤ 材　料

110cm幅ハーフリネンツイル：
　A7〜11号1.7m／13、15号1.8m　　B7〜11号1.5m／13、15号1.6m
90cm幅接着芯：30cm
1.5cm幅接着テープ（伸び止めテープ）：80cm
1cm幅熱接着両面テープ：50cm
22cmのコンシールファスナー：1本
かぎホック：1組

▤ 出来上がり寸法

単位は cm

	7 号	9 号	11 号	13 号	15 号
ウエスト	63.5	69	75	81	87
ヒップ	92	96	102	108	114
スカート丈A	76.5	77	77.5	78	78.5
スカート丈B	66.5	67	67.5	68	68.5

▤ 裁ち方ポイント

一般的なファスナーをつける場合は後ろ中心に
1.5cmの縫い代をつけて裁つ

▤ 縫う前の準備

★前後見返しに接着芯をはり、端を折って始末する（30ページ）
★ポケット口、ファスナーつけ位置の縫い代に
　　接着テープをはる
★前後スカートの両脇にM（注）

▤ 縫い方順序

1　ダーツを縫い（25ページ）、中心側に倒す
2　後ろ中心を縫う（28ページ）。縫い代は割る
3　ファスナーをつける（28ページ）
4　ポケット口を残して脇を縫う（36ページ）
5　ポケットをつける（36ページ）
6　見返しをつける（30ページ）
7　裾を三つ折りで始末する（59ページ）
8　かぎホックをつける（95ページ）

★一般的なファスナーをつける場合は3の前に脇を縫い、
　　見返しをつける（31ページ）
注：Mは「縫い代にジグザグミシンまたはロックミシンをかける」の略

Aラインスカート 1

FRONT

6　1　5　4

（裏）　0.1　1　2.5

BACK　8　7

1　3　4　2

[裁ち合わせ図]

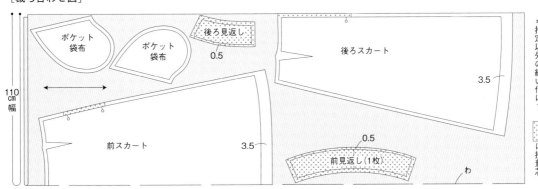

110cm幅

ポケット袋布　ポケット袋布

後ろ見返し　0.5

後ろスカート　3.5

前スカート　3.5

0.5　前見返し（1枚）

わ

＊指定以外の縫い代は1

▨ は接着芯

5 ✿

BASIC STYLE 2

Yoke skirt

A

B

▣ 材　料

110cm幅リバティプリント：
　A 7〜11号2.1m／13、15号2.2m　B 7〜11号1.9m／13、15号2m
90cm幅接着芯：30cm
1.5cm幅接着テープ（伸び止めテープ）：70cm
1cm幅熱接着両面テープ：50cm
22cmのコンシールファスナー：1本
かぎホック：1組

▣ 出来上がり寸法

単位は cm

	7 号	9 号	11 号	13 号	15 号
ウエスト	63.5	69	75	81	87
スカート丈A	78.5	78.5	78.5	78.5	78.5
スカート丈B	68.5	68.5	68.5	68.5	68.5
裾回り	172	180	188	200	212

▣ 裁ち方ポイント

一般的なファスナーをつける場合は後ろ中心に1.5cmの縫い代をつけて
裁つ。スカート部分は四角なので、布地に直接寸法をしるして裁つ

▣ 縫う前の準備

★前後見返しに接着芯をはる
★ポケット口、ファスナーつけ位置の縫い代に接着テープをはる
★前後スカートの両脇にM（注）

▣ 縫い方順序

1　前スカートにギャザーを寄せ、ヨークをつける（23、24ページ）
2　後ろスカートにギャザーを寄せ、ヨークをつける（23、24ページ）
3　後ろ中心を縫う（28ページ）。縫い代は割る
4　ファスナーをつける（28ページ）
5　脇を縫い、ポケットをつける（36ページ）
6　見返しをつけ（30ページ）、端は出来上がりに折って
　　表からステッチで押さえる
7　裾を三つ折りで始末する（59ページ）
8　かぎホックをつける（95ページ）

★一般的なファスナーをつける場合は4の前に脇を縫い、
　見返しをつける（31ページ）

注：Mは「縫い代にジグザグミシンまたはロックミシンをかける」の略

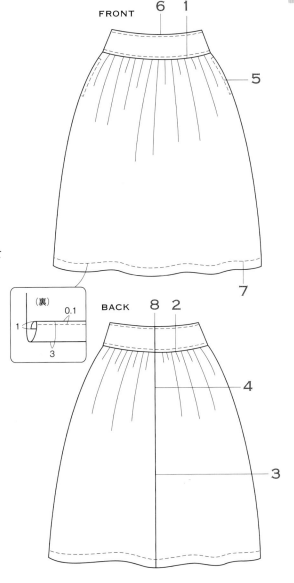

［裁ち合わせ図］

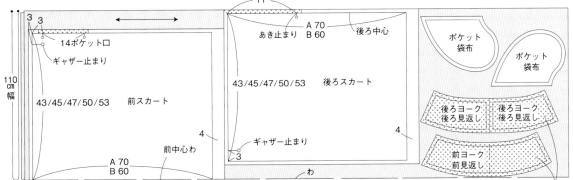

＊5つ並んだ数字は左から7、9、11、13、15号。1つの数字は5サイズ共通

＊指定以外の縫い代は 1
は接着芯

接着芯は見返しのみにはる

BASIC STYLE

One-piece dress

3

A

B

Aの生地／CHECK＆STRIPE

材料

110cm幅C＆Sリネン混ダンガリー ソフト（シックブルー）：
　A 7号2.8m／9～15号3.5m　B 7号2.2m／9～15号2.8m
90cm幅接着芯：60cm

出来上がり寸法

単位は cm

	7号	9号	11号	13号	15号
バスト	92	96	101	106	111
ウエスト	90	94	99	104	109
ヒップ	101	105	110	115	120
着丈A	125.5	126	126.5	127	127.5
着丈B	96	96.5	97	97.5	98

縫う前の準備

★前後見返しに接着芯をはる
★前後見返し端にM（注）

縫い方順序

1　前上身頃にギャザーを寄せ、前下身頃と縫い合わせる（24ページ）。
　　縫い代は2枚一緒にM
2　後ろ上身頃と後ろ下身頃を縫い合わせる。縫い代は2枚一緒にM
3　身頃と見返しの肩をそれぞれ縫う（32ページ）。縫い代は割る
4　身頃と見返しの衿ぐりを縫い、
　　表に返してステッチをかける（32ページ）
5　身頃と見返しの左袖ぐりを縫い、表に返す（33ページ）
6　身頃と見返しの右袖ぐりを縫い、表に返す（34ページ）
7　見返しと身頃の脇を裾まで縫う（34ページ）。縫い代は2枚一緒にM
8　裾を三つ折りで始末する（59ページ）
9　袖ぐりにステッチをかける
注：Mは「縫い代にジグザグミシンまたはロックミシンをかける」の略

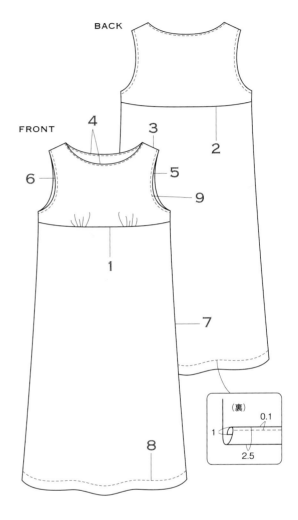

［裁ち合わせ図］　＊7号の裁ち方

＊指定以外の縫い代は1　　は接着芯

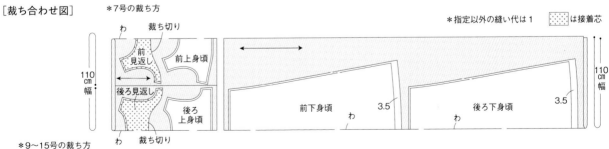

＊9～15号の裁ち方

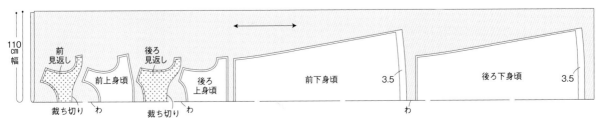

BASIC
STYLE

Tucked one-piece dress

4

B

A

▤ 材　料
120cm幅綿麻：A 7～11号2.5m／13、15号2.6m　B 7～15号2m
90cm幅接着芯：20cm

▤ 出来上がり寸法
単位は cm

	7 号	9 号	11 号	13 号	15 号
バスト	92	96	101	106	111
ウエスト	90	94	99	104	109
ヒップ	149	153	158	163	168
袖丈	18.5	19	19.5	20	20.5
着丈A	100.5	101	101.5	102	102.5
着丈B	67.5	68	68.5	69	69.5

▤ 縫う前の準備
★前後見返しに接着芯をはる　★前後見返し端にM（注）

▤ 縫い方順序
1　前下身頃のタックを縫い（86ページ）、前上身頃に
　　ギャザーを寄せ、前下身頃と縫い合わせる（24ページ）。
　　縫い代は2枚一緒にM
2　後ろ下身頃のタックを縫い（86ページ）、後ろ上身頃と
　　縫い合わせる（24ページ）。縫い代は2枚一緒にM
3　身頃と見返しの肩をそれぞれ縫う（32ページ）。
　　縫い代は割る
4　身頃と見返しの衿ぐりを縫い、
　　表に返してステッチをかける（32ページ）
5　身頃の脇を縫う。縫い代は2枚一緒にM
6　袖下を縫って袖口を三つ折りで始末し（59ページ）、
　　身頃に袖をつける（76ページ）
7　裾を三つ折りで始末する（59ページ）
注：Mは「縫い代にジグザグミシンまたはロックミシンをかける」の略

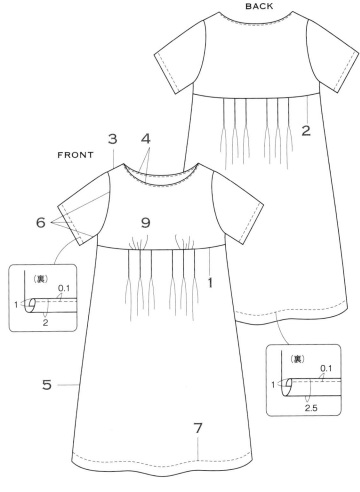

［裁ち合わせ図］

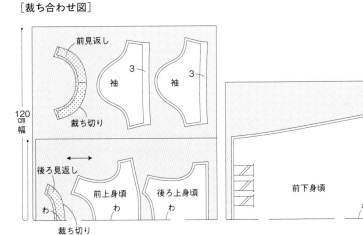

BASIC
Long shirt
STYLE 5

A

B

▣ 材 料

105cm幅C&Sコットンパピエストライプ（ブラック）：
A 7～15号3.8m　B 7～15号3.6m
90cm幅接着芯：1.2m
直径1.3cmのボタン：A 9個　A 8個

▣ 出来上がり寸法

単位は cm

	7号	9号	11号	13号	15号
バスト	114	118	123	128	133
袖丈	53.4	53.8	54.2	54.6	55
着丈A	118.5	119	119.5	120	120.5
着丈B	105.5	106	106.5	107	107.5

※Aの着丈は後ろ裾での寸法

▣ 縫う前の準備

★見返し、表衿に接着芯をはる
★見返し端は0.5cm折り、M（注）
★袖下、前後身頃の脇にM

▣ 縫い方順序

1　前ヨークとギャザーを寄せた前身頃を縫い合わせ
　　（24ページ）、表からステッチをかける。
　　縫い代は2枚一緒にM
2　後ろヨークとギャザーを寄せた後ろ身頃を縫い合わせ
　　（24ページ）、表からステッチをかける。
　　縫い代は2枚一緒にM
3　肩を縫う。縫い代は2枚一緒にM
4　見返しをつける（43、44ページ）
5　衿を作り、つける（42～45ページ）
6　袖をつける（35ページ）。縫い代は2枚一緒にM
7　袖下、脇を続けて縫う（35ページ）。
　　縫い代は割る
　　★Aはスリット止まりまで、Bは裾まで縫う。
　　　Aはスリットを二つ折りで
　　　始末する（62ページB・接着芯はなし）
8　袖口を三つ折りで始末する
　　（59ページ）
9　裾を三つ折りで始末する
　　（45、59ページ）
10　前端にステッチをかける
11　ボタンホールを作り、
　　ボタンをつける（92、95ページ）
注：Mは「縫い代にジグザグミシンまたは
　　ロックミシンをかける」の略

FRONT

BACK

［裁ち合わせ図］

13 ✳

BASIC STYLE 6

Stand collar shirt

A

B

Aの生地／CHECK&STRIPE

▣ 材　料

105cm幅C&Sコットンパピエ（ホワイト）：
　A 7～15号2.2m　B 7～15号2.7m
90cm幅接着芯：50cm
直径1.3cmのボタン：A 6個　B 6個

▣ 出来上がり寸法

単位は cm

	7号	9号	11号	3号	115号
バスト	102	106	111	116	121
袖丈	56.2	56.6	57	57.4	57.8
着丈A	80.5	81	81.5	82	82.5
着丈B	105.5	106	106.5	107	107.5

▣ 縫う前の準備

★表衿、短冊布、カフスに接着芯をはる

▣ 縫い方順序

1　短冊布をつける（40、41ページ）
2　後ろヨークとギャザーを寄せた後ろ身頃を
　　縫い合わせ（24ページ）、表からステッチを
　　かける。縫い代は2枚一緒にM（注）
3　裾を三つ折りで始末する（59ページ）
4　肩を縫う。縫い代は2枚一緒にM
5　衿を作り、つける（73ページA）
6　袖口あきを作る（38ページ）
7　袖をつける（35ページ）。縫い代は2枚一緒にM
8　袖下、脇を続けて縫う（35ページ）。
　　縫い代は2枚一緒にM
9　カフスを作り、つける（39ページ）
10　ボタンホールを作り、ボタンをつける（92、95ページ）
注：Mは「縫い代にジグザグミシンまたはロックミシンをかける」の略

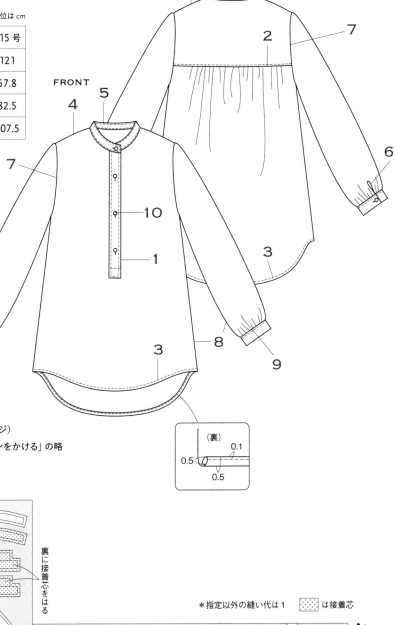

［裁ち合わせ図］

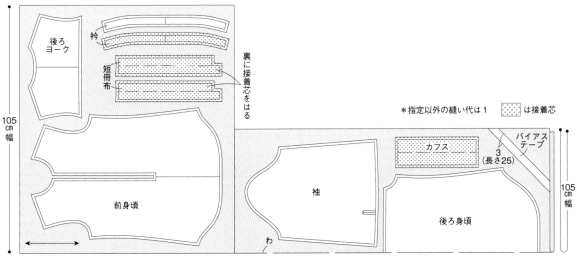

＊指定以外の縫い代は 1　▨▨は接着芯

BASIC
sewing
TOOLS

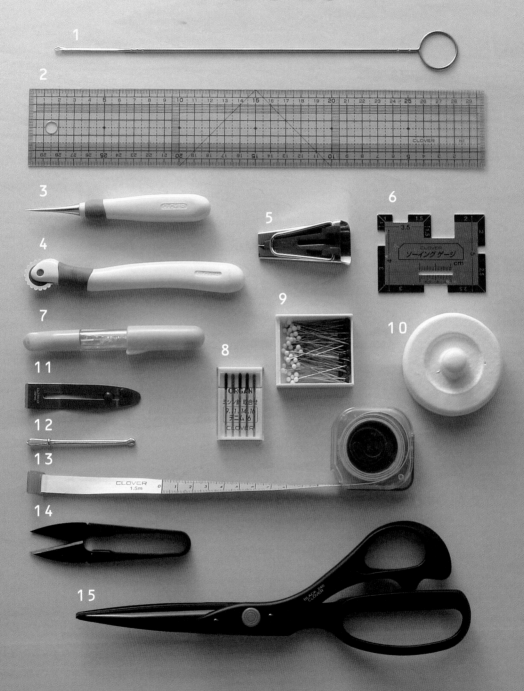

{ 用具 }

1 ループ返し
48 ページのループを作るときにたいへん便利な道具

2 方眼定規
型紙作りや裁断のときに方眼のラインで平行線を引くことができ、カーブも定規を起こしてはかれるので便利

3 目打ち
印つけからミシンかけのときまでソーイングには欠かせない用具

4 ルレット
チョークペーパーと組み合わせて使うことが多いが、そのままでも印つけができる

5 テープメーカー
共布バイアステープを作るときに便利。いろいろな幅用がある

6 ミニ定規
1cm、2cm などちょっとはかりたい場合に。金属製なのでアイロンかけのときにも使いやすい

7 チョーク
削って使う三角形のチョークではなく、先の歯車の間からチョーク粉が出てくる仕組みになっているので、細い一定の線が引ける便利なチョーク

8 ミシン針
ミシン糸や布に合った太さの針を選んで。針は折れるまで使うのではなく、先が傷んだら取り替えることがきれいな仕立てにつながる

9 ピン (まち針)
ピンは頭のあまり大きくない小さめなものが扱いやすい

10 ウエイト
型紙を置くときにこれで押さえて裁断する

11 ゴムテープ通し (幅広)
幅広のゴムテープを通すときに安定感があって使いやすいタイプ

12 ゴムテープ通し
ゴムテープだけではなく、ロープ等ひも類を通すときにも使う

13 メジャー
自分のサイズをはかったり、カーブ寸法をはかったり、用尺を確認するなどソーイングには必要な用具

14 糸切りバサミ
ミシンのそばにいつも置いておきたい

15 裁ちバサミ
全体の長さが 23 〜 26cm くらいのものを用意したい。布以外のものを切ると切れ味が鈍るので布地専用にするとよい

{ 糸と針について }

きれいな仕立ての要因の一つにミシン糸と針と布のバランスのとり方があります。

糸と針、針と布、糸と布のバランスだけで決められるものでもありません。糸の素材も1種類ではないので知っておきましょう

ミシン糸

[素材の違い]
ポリエステル ★ いちばん使われている素材でほとんどの布に使用できる
ナイロン ★ ニット素材用でポリエステルより伸縮性がある
絹 ★ 最近はあまり使われていないのでシルクを縫うときもポリエステル糸を使用する。ステッチ用に太いタイプがある
木綿 ★ 今ではほとんど使用されない

[太さの違い]
糸は番号の大きいほうが細い糸になる
90 番 ★ ローンやボイルなど極薄地を縫うときに
60 番 50 番 ★ ほとんどの布の縫い合わせに使う
30 番 ★ ステッチを目立たせたいときに使う

ミシン針

[糸と針の組み合わせ]
9 号針 ★ 90 番のミシン糸を使うときに使用する。細いミシン針
11 号針 ★ ほとんどの布の縫い合わせに使う針で 60 番、50 番の糸と組み合わせて使う
14 号針 ★ 少し太いミシン針で厚地を縫うときに使う。糸は縫い合わせ部分には 60 番、50 番の糸、ステッチを目立たせたいときには 30 番を組み合わせる
16 号針 ★ かなり太い針。厚地でかたい布、帆布などを縫うときにしっかり縫える。糸は 60 番、50 番、30 番を使う

針	糸	布
9 号	90 番	ローン、ボイル、シルク、サテン等
11 号	60 番 50 番	ブロード、ギンガム、ソフトデニム、シーチング、チノクロス、フラノ等
14 号	60 番 30 番	厚手デニム、持ち手テープ等
16 号	60 番 50 番 30 番	帆布、持ち手テープ等

BASICS

Pattern & Cutting -1

A

B

C

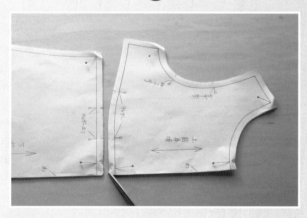

D

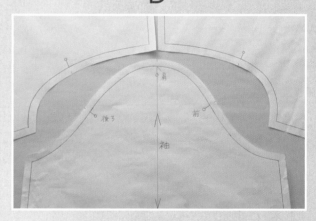

E

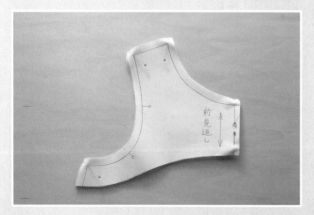

F

{ 型紙と裁断 }

A 縫い代つきの型紙を裁ち合わせ図を参照して布の上に置く。このとき、型紙の布目線と布目を合わせることが重要。ピンでとめてもいいが、ウエイトが一番のおすすめ

B 型紙にそって裁断したところ。縫い代つきの型紙を使うと簡単で、しかも正確に裁断することができる

C 前後中心等、「わ」という表示部分は布をたたんだ状態で裁つということを表している。前中心のわの部分は三角に少しカットして合い印とする

D 袖には肩位置、身頃袖ぐりとの合い印が入っているのでこの部分にはハサミの先を使ってノッチ（0.2〜0.3cm くらいの切り込み）を入れておく

E 見返しは身頃と同じ形のものを縫い合わせるわけなので、合い印（ノッチ）は大切。忘れずに入れておく

F 接着芯を裁断する場合は型紙を使うのではなく、裁断した布（接着芯をはるパーツ）を型紙代わりにして裁断すると簡単

{ アイロンの使い方 }

アイロンはソーインググッズの一つです。縫う前の準備として事前に三つ折りする、接着芯をはる、
タックやプリーツを折るなどだけでなくミシンかけの途中でも縫い代を割ったり折ったり、
アイロンなしではきれいな仕上がりは望めません

縫い目の際から折る

先を上手に使う

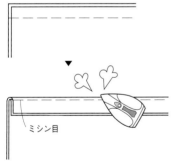

ミシン目

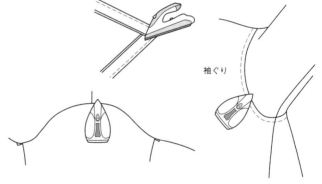

袖ぐり

[温度]
アイロンの表示に従って温度設定をしましょう。布の素材がよくわからない場合は裁ち端などにかけて確認しましょう。接着芯は表布に合った温度よりも低く設定して接着します

[スチームアイロン]
ほとんどの場合スチームアイロンにします

[当て布]
接着芯をはるときやそのままアイロンをかけるとテカリが出そうな素材の場合は当て布をします。別珍など毛足のある布の場合は共布を当て布にすると毛足がつぶれず、きれいにかけられます

[アイロン台]
家事の一つであるアイロンかけには平らなアイロン台が一般的で、ソーイングの場合も使いますが、袖など立体的な部分にアイロンをかけるときにはその形に合った立体的なアイロン台があると便利です。
袖の形をした袖まんじゅう、ダーツ等を立体的に仕上げるにはおまんじゅうのような形をしたまんじゅう（プレスボール）などがあります。
これらを準備するのは大変ですが、身近にあるもので代用できます。袖など筒状の場所にはタオルを巻いて差し込めば、袖まんじゅうの役目を果たします。
帽子のトップなどにアイロンをかける場合はひざに厚めのタオルを乗せてかけるといいでしょう。
ミトン形のハンディタイプのアイロン台は小さな場所や袖ぐりなどにアイロンをかけるときに便利です

BASICS
Pattern & Cutting - 2

{ 印つけ }

ダーツやポケットつけ位置などの印のつけ方

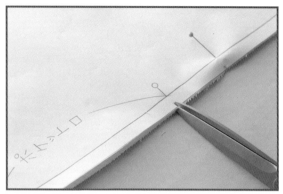

1 型紙のポケット口の位置やあき止まり位置などに印が入っているので、その部分の縫い代には 0.2 ～ 0.3cm くらいの切り込みを入れる。これをノッチという

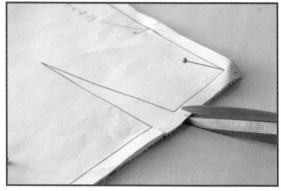

2 ダーツの部分にもノッチを入れて印をつけておく

3 ダーツの先の部分は目打ちを刺して印をつける。目打ちのこの使い方は、パッチポケットつけ位置の印つけのときにも活用する

4 型紙を外して 2 と 3 でつけた印を結んでチョークで線を引く（布は中表にたたんでおく）

チョークペーパーをはさんでルレットで印をつける方法もある。この場合は布を外表にたたんでおく

いちばん簡単な方法は型紙のダーツ部分をカットしてそこに合わせてチョークで線を引く

BASICS
Ready for Sewing

{縫う前の準備}

ミシンをかける前に済ませておくと手間が省けきれいな仕上がりになる

接着芯や接着テープは裁断して印つけをした後ではる。
ポケット口やファスナーつけ位置には接着テープをはる

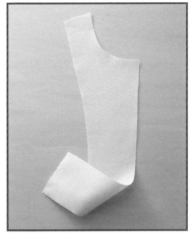

18ページの方法で接着芯を裁断して見返し等に接着芯をはる。アイロンは滑らせるのではなく押さえつけるようにして接着する

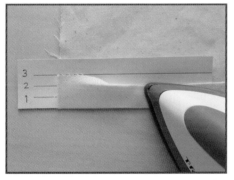

裾や袖口、ポケット口など三つ折りや二つ折りで仕上げるところは縫う前にアイロンで出来上がりに折っておく。写真のようなアイロン定規(59ページ参照)を作っておくと便利

カーブの三つ折りは三つ折り分の2倍の寸法位置に印をつけ、布端をその印に合わせてアイロンで折る

次に完全三つ折りにする(59ページ参照)。カーブのついたフリルやフレアスカートの裾などに

接着芯がテープ状になったものが接着テープで伸び止めの役目を果たす。熱接着両面テープはファスナーつけやテープつけ等、ピンを打つ代わりに使うとミシンかけが圧倒的に簡単できれいに仕上る。右端の熱接着糸もポケットつけや細いテープつけ、裾上げに使うとたいへん便利

パッチポケットもポケット口、縫い代を出来上がりに折る。この場合にもアイロン定規を使って折ると簡単で正確に折ることができる

ポケット口の縫い代など布が何枚も重なる部分は、布をカットしておくとミシンかけが簡単で仕上がりもきれい

21

BASICS
About Sewing machine

{ ミシンの上手な使い方 }

ソーイングが苦手な人はミシンが苦手の場合が多いが、ちょっとしたコツでミシンかけの腕が上がる

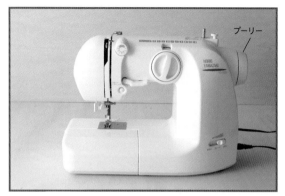

ミシンにはフットコントローラーつきと手もとスイッチだけのタイプがある。できれば両手が使えるフットコントローラーつきがおすすめ

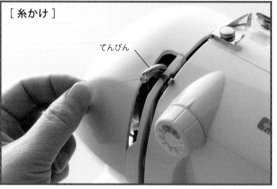

[糸かけ]

糸かけのときに注意したいのは、てんびんにきちんと糸が通っているかどうかの確認。縫えない原因の一つなので気をつけたい

[縫い始め]

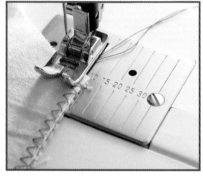

1 上糸を針に通したら上糸を持ちながらプーリーを手で回して針を落としてから上げると、下糸が持ち上がる。この糸2本を合わせて向こう側にそろえてセットする

2 縫い代幅寸法（ここでは1cm）に合わせて布端を針板スケールに合わせたら押さえ金を下げる

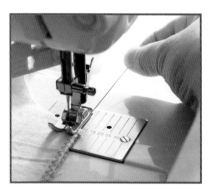

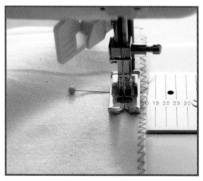

3 縫い始めは針落ち穴に布端が入り込むことがあるので糸を引きながら縫い始める。こうすると縫い始めがきれいにできる

4 縫い合わせ部分にはピンを打ってずれないようにするが、このとき縫い目に対して直角に打っておくと、その上を縫ってもうまくよけて縫うことができる

5 写真のように両手で布を持ちながらミシンをかけると縫いずれがなく、縫い合わせがきれいにできる。このようなことができるのもフットコントローラーだからのこと

BASICS

[尖端を縫う]

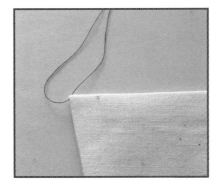

1 衿先等、細い部分の端ミシンは布が針落ち穴に入り込んでしまったり、角の部分が縫い進まないことがあるので写真のように先に糸を通しておく

2 端まで縫ってきたら縫い始めと同じように衿先の糸を引いて針落ち穴に入り込まないように注意してミシンをかける

[角を縫う]

1 四角いポケットつけのときなどのミシン使い。角まで縫ってきたら針を刺したままミシンを止める。最後の2〜3針はプーリーを回して上手に角位置で止まるようにする

2 針を下げたまま押さえ金を上げる

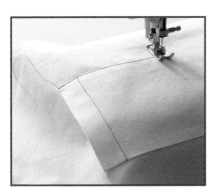

3 針を下げたまま布を90度方向転換をして押さえ金を下げ、次の辺を縫う。縫い始めるときは針を下までしっかり下げてから縫い始める。このときもプーリーを操作する

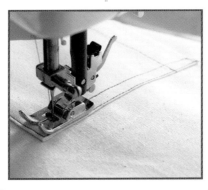

4 ダブルステッチをかけるときは最初にかけたステッチに押さえ金の端を合わせ、そこをガイドラインにしてかけると簡単。ステッチ幅によっては押さえ金に入っているラインを利用するといい

目打ちはミシンかけのときには必ず手もとに置いておきたい。ギャザーを縫う場合はギャザーが均等になるように目打ちでそろえながらミシンをかける。布を送るときにも縫いずれしないように目打ちで送っていくといい

TECHNIQUE L

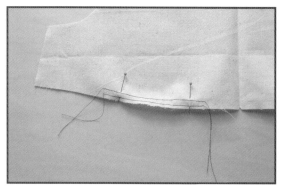

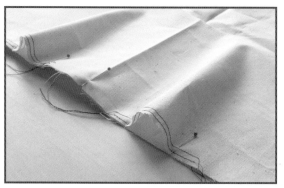

{ ギャザーの寄せ方 }

デザインによって一部分に寄せたり全体に寄せたり。ポイントは均等に寄せること（作品2、3、4、5、6）

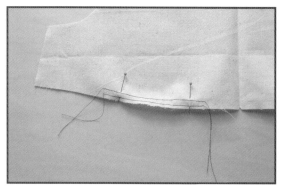

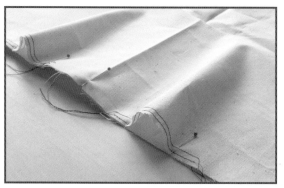

1 一部分に寄せる場合はギャザー止まり位置より2〜3cm余分にギャザー寄せミシン（0.4cmくらいの大きい針目のミシン）を縫い代部分に2本かける

2 ギャザー止まり位置と縫い合わせるパーツ（ここでは下身頃）の合い印を合わせてピンでとめる。浮いている部分がギャザー分となる

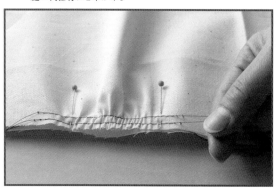

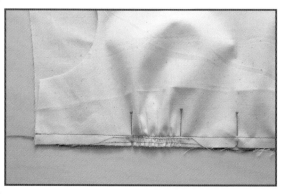

3 ミシン糸を2本そろえて引き、縫い合わせるパーツと同じ寸法に縮める

4 ギャザーを寄せた部分が均等になるように目打ちを使って（23ページ参照）縫い合わせる。縫い代は2枚合わせてジグザグミシンまたはロックミシンをかける

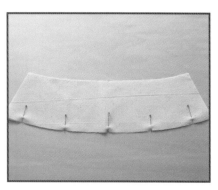

1 全体にギャザーを寄せる場合。ギャザーを寄せたパーツを縫い合わせる部分（ここではヨーク）の寸法を均等に割って印をつける

2 大きい針目でギャザー寄せミシンを2本かける。こちらにも寸法をヨークと同じ分割で均等に割り、印をつけておく

3 印と印を合わせてピンを打ち、糸を引いてギャザーを寄せる。縫い合わせ方は23ページを参照

TECHNIQUE LESSON L2

{ ダーツの縫い方 }

きれいなシルエットづくりに欠かせないダーツ。スカートのウエストや身頃に入れることが多い（作品1）

1 20ページを参照して印をつけ、中表にしてダーツの線を合わせてピンを打つ

2 幅の広いほうから（ここではウエストから）先に向かって縫い、最後に返し縫いをせずに糸を10cmくらい残して切る

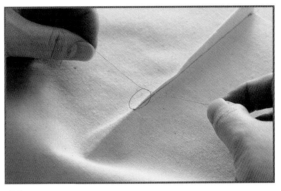

3 先の糸は一度結ぶ

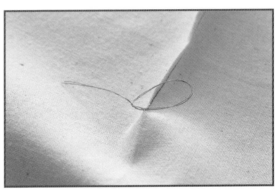

4 糸を2本そろえて固結びにする。これで先の部分をしっかりとめることができる。余分な糸はカットする

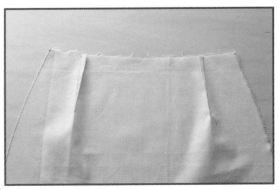

5 スカートやワンピースのウエストダーツは中心に向かって、胸ダーツは上方向に倒してアイロンをかける

TECHNIQUE ⟋ L³

{ 一般的なファスナーのつけ方 }

スカートやワンピースによく使われるファスナーあき。樹脂製ファスナーがつけやすい。
ウエストや衿ぐりが見返し始末の場合は 31 ページを参照して先に見返しをつけておく。縫い代には接着テープをはっておく

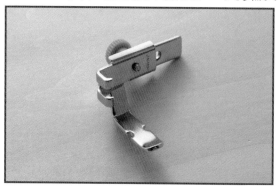

1 ファスナーつけに便利な押さえ金の「片押さえ」。コードパイピングつけ（84 ページ参照）などにも使える

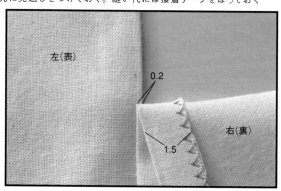

2 ファスナーあき止まりまで縫い代幅 1.5cm で縫い合わせ、右の縫い代は出来上がり（1.5cm）に、左の縫い代は 1.3cm になるように折る。表から見ると 0.2cm 出ている状態

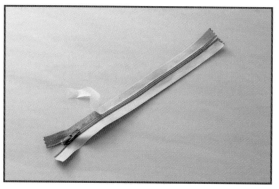

3 ファスナーテープの表側に熱接着両面テープ（21 ページ参照）をはる。テープは 1cm 幅が適当

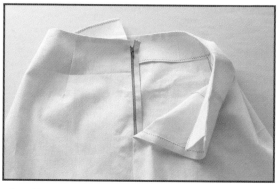

4 左側の剥離紙をはがして左スカートにアイロンで接着する

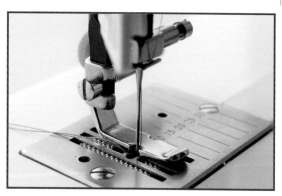

5 押さえ金を片押さえに替える。針落ち位置は写真と反対側になるようにセットする

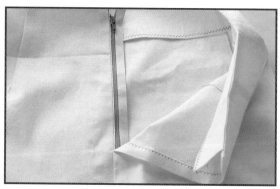

6 ファスナーテープの上端は三角に折って、ステッチをかける。ステッチは布端から 0.2cm のところにかける

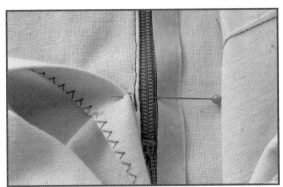

7 ファスナーが左スカートについたところ。このときあき止まりより奥まで縫って、返し縫いをしておく。こうすると丈夫な仕上がりになる

8 ファスナー右側の剥離紙をはがし、スライダーを上げてから右スカートを出来上がり位置にピンでとめる。アイロンで右スカート縫い代にファスナーを接着する

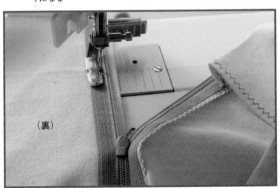

（裏）

9 スライダーを下げ、右スカートの裏側からファスナーをつける。ステッチ位置は端から1cmのところなので針板スケールに合わせてミシンをかける

10 途中まできたらスライダーにつかえて縫えなくなるので、目打ちでスライダーを上げて残りを縫う。このとき針は必ず下げておく

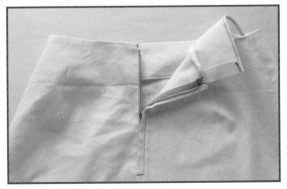

11 あき止まりにはミシンを2〜3度重ねて縫いとめる。このように裏側からかけると失敗なくきれいな仕上がりになる

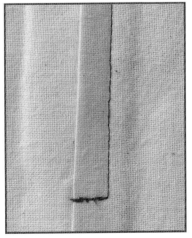

TECHNIQUE LESSON 4

{ コンシールファスナーのつけ方 }

エレメントが隠れて見えないコンシールファスナーはつけてみると意外と簡単（作品1、2）

1 エレメント（65ページ参照）の部分が開くように中温でアイロンをかける。高温にするとエレメントが傷むことがあるので注意

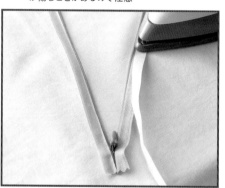

2 ファスナーテープの表側に熱接着両面テープ（21ページ参照）をはる。テープは1cm幅が適当

6 3で縫い合わせたファスナーつけ部分のミシン糸をほどく。目打ちを使うと便利

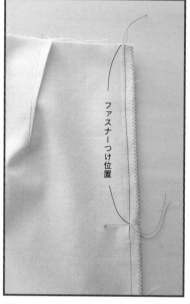

ファスナーつけ位置

3 ファスナーつけ位置には接着テープをアイロンではり、縫い代端は始末をしておく。つけ止まり位置まで縫い合わせ、返し縫いをして糸を切り、改めてファスナーつけ位置を大きな針目で縫い合わせる

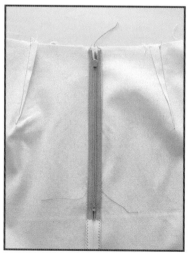

4 縫い合わせたところをアイロンで割る。ここでしっかり割っておくとファスナーをきちんをつけることができる

5 熱接着両面テープの剝離紙をはがしてファスナーつけ位置に、あき止まりより1cm手前までアイロンで接着する。ファスナーテープ端と縫い代端を合わせると正しい位置につけられる

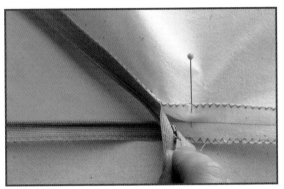 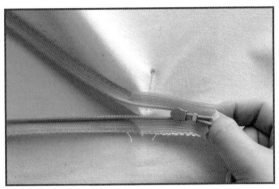

7 5で説明したように、ファスナーはあき止まり位置まで接着するのではなく、1cmくらい手前までにする。その間からスライダーを下げておく

 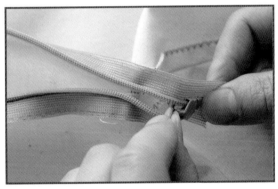

8 押さえ金を片押さえに替えてファスナーをあき止まり位置まで縫いつける。針落ち位置はエレメントの際になるようにする。反対側は針が押さえ金の右側に落ちるようにセットする

9 ファスナーがついたら、スライダーを上げる

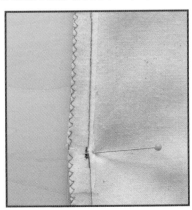 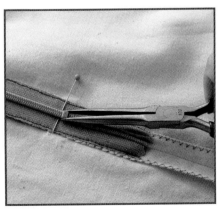

10 ファスナーがついたところ。あき止まりまできちんと縫えている

11 ファスナーテープ端を縫い代に縫いつけてから、止め金具をあき止まりまで移動させてラジオペンチでつぶすようにして動かないようにとめる

TECHNIQUE LESSON 5

{ 見返しのつけ方（コンシールファスナーあきの場合）}

コンシールファスナーをつけてから左右同じように見返しをつける（作品 1、2）

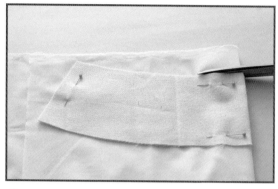

1 見返しには接着芯をはる。表布を型紙代わりにして接着芯を裁断する

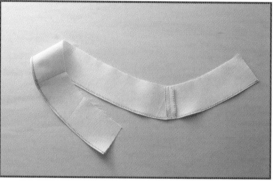

2 接着芯をはった前見返しと後ろ見返しを縫い合わせ、縫い代を割る。見返し端は 0.5cm 折ってジグザグミシンまたは端を折らずにロックミシンで始末する。厚地の場合は裁ち端にかける

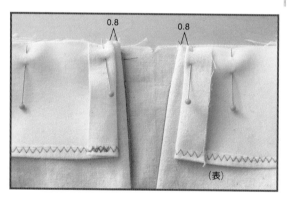

0.8 0.8

（表）

3 コンシールファスナーをつけたところから 0.8cm のところに中表で見返しをピンでとめる。見返し端は折ってセットする

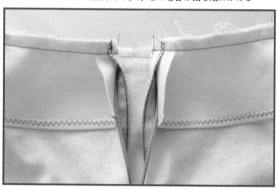

4 ファスナーをつけた縫い代を表に折り返して縫い合わせる（ここではウエスト。ワンピースの場合は衿ぐり）

5 角の縫い代は三角にカットする。布の重なる部分、特にファスナーテープはかたいのでなるべく余分はカットするとすっきりした仕上がりになる

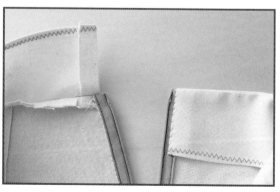

6 ウエストカーブの縫い代に切り込みを入れてアイロンで折り（32ページ参照）、見返しを表に返す。折り込んだ端部分はファスナーテープにまつりつける

{ 見返しのつけ方 (一般的なファスナーあきの場合) }

ファスナーをつける前に見返しをつける。左右の控え方の違いがポイント

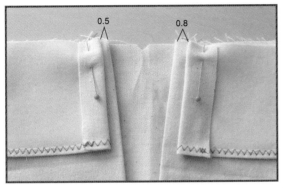

1 26ページ2の要領でファスナーあきの部分の縫い代を折る（見返しの作り方は30ページと同じ）。左の見返し端はあき部分の端から0.5cm、右は0.8cmのところにセットする

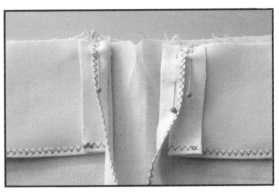

2 あき部分の縫い代を折り返して見返しと重ねる。ファスナーつけ部分の縫い代には28ページ3のように接着テープをはっておく

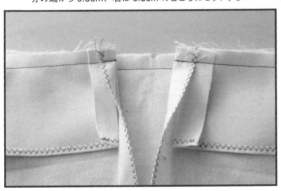

3 見返しを縫い合わせる。スカートの場合はウエスト、ワンピースの場合は衿ぐりとなる

4 角の縫い代は三角にカットする。布が重なったところはなるべく余分をカットするとすっきり仕上る。ウエストカーブの縫い代には切り込みを入れる

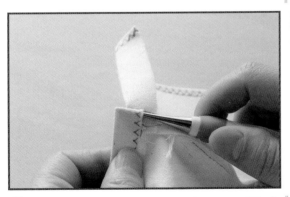

5 アイロンをかけていったん出来上がりに折ってから、見返しを表に返す。角は目打ちを差し込んで形を整える

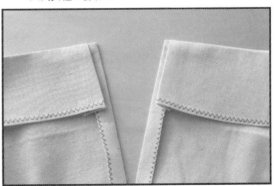

6 見返しがきちんとついた状態。ここまで作ってからファスナーをつけるときれいな仕上がりになる

{ 見返しのつけ方 （あきなし身頃の場合） }

衿ぐりと袖ぐりが一度で始末できる見返しのつけ方 （作品3）

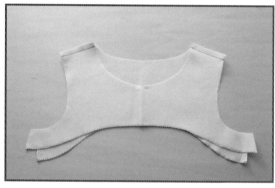

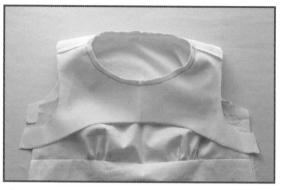

1 接着芯をはった見返し（端は始末をしておく）の肩を縫い合わせる。縫い代はアイロンで割る。身頃の肩も同様に縫い合わせておく

2 身頃と見返しを中表に重ね、それぞれの前後中心、肩線を合わせてピンを打ってとめ、衿ぐりを縫い合わせる

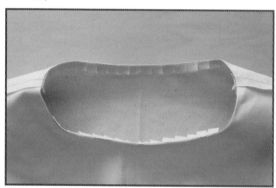

3 衿ぐりがつれないように、縫い代に切り込みを入れてミシン目の際からアイロンで身頃側に折る。ここでアイロンをきちんとかけて折っておくと、きれいに仕上がる

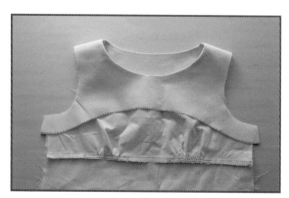

4 見返しを表に返し、衿ぐりにステッチをかける

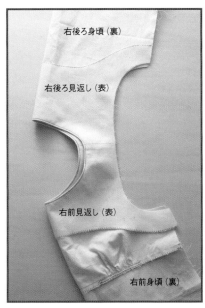

5 身頃を中表にして前後中心で半分に折る

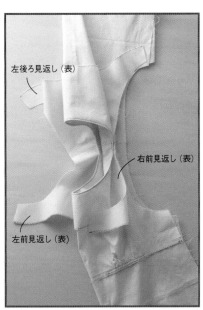

6 まず左身頃の袖ぐりを縫う。左見返しを下から引き出し、右身頃と見返しの肩は中心に向けて折り返しておく

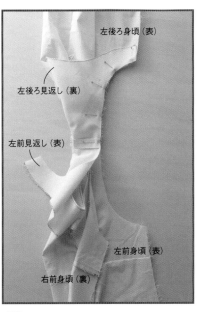

7 左身頃と引き出しておいた左見返しの袖ぐりを中表に合わせてピンを打つ。このとき右身頃は間にはさまれた状態となる

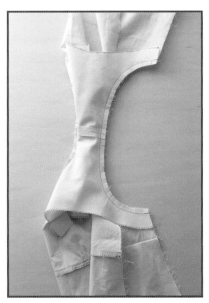

8 左袖ぐりを縫い合わせる。このとき間にはさんだ右身頃を縫い込まないように注意する。縫い代に切り込みを入れ、**3** と同じようにミシン目からアイロンで身頃側に折る

9 見返しの下に手を入れて身頃を引き出す。写真の手が握っているのは衿ぐりの部分。肩の間から身頃を引き出しているところ

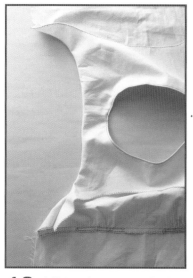

10 左袖ぐりの身頃と見返しが縫い合わされたところ。右袖ぐりはまだ縫い合わされていない状態

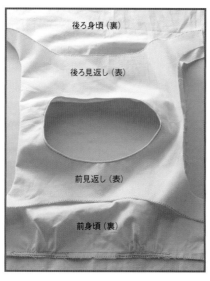

後ろ身頃（裏）

後ろ見返し（表）

前見返し（表）

前身頃（裏）

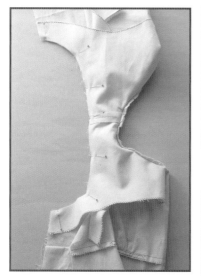

11 左袖ぐりと同じように右見返し袖ぐりと右身頃袖ぐりを中表に合わせてピンでとめて縫い合わせる。縫い代に切り込みを入れ、左と同じように表に返す

12 左右の袖ぐりが仕上がり、身頃と見返しが縫い合わされた状態。アイロンで形を整える

13 見返しと身頃の脇を続けて縫う。袖ぐり下の縫い代は割って縫うとすっきりと仕上がる。脇の縫い代は2枚合わせてジグザグミシンまたはロックミシンをかける

{ スラッシュあきの作り方 }

接着芯で縫い返す簡単なあきの作り方
（60ページ参照）

1 接着芯の裏（のり面）にチョークなどでミシンをかける位置（あき部分）の印をつける

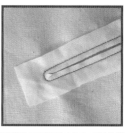

2 布の表側にのり面を上にして接着芯を当て、ミシンで縫いつける。ハサミで切り込みを入れる。両端はYの字のような切り込みを入れる

3 接着芯を切り込みのところから差し込んで表布の裏側に返してアイロンで接着する

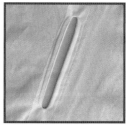

4 端のところは芯を引っ張るようにして表側から芯が見えないように注意してアイロンをかける。表からステッチをかけて出来上がり

{ 袖のつけ方 }

袖ぐりと袖山を縫い合わせてから袖下を縫う方法（作品 5、6）

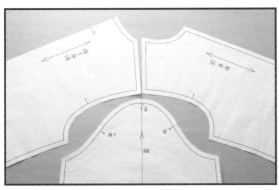

1 袖の型紙には袖山に前、後ろの表示をしておく。裁断後は身頃と袖の合い印にノッチ（20 ページ参照）を入れておく

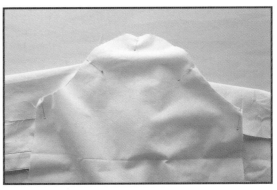

2 身頃の肩を縫い合わせたら、身頃と袖の肩、袖ぐりのノッチ、袖下を中表に合わせてピンを打つ。その後、身頃袖ぐりと袖山をバランスよく合わせてピンを打つ

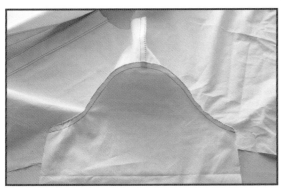

3 袖を上にしてミシンをかける。違うカーブを縫い合わせるので目打ちを使ってずれないように注意してミシンをかける。縫い代は2枚合わせてジグザグミシンまたはロックミシンをかける

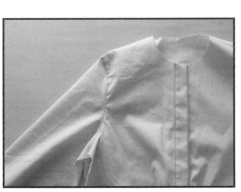

4 縫い代を身頃側に倒してステッチをかける。シャツなど比較的袖山が低い場合にはこの縫い方がおすすめ

5 袖下と脇を続けて縫い合わせる。袖を平らな状態でつけるので簡単につけることができる。縫い代は2枚合わせてジグザグミシンまたはロックミシンで始末する

TECHNIQUE ∡L8

{ スラッシュポケット }

スカートやワンピースなど、脇縫い目の途中にポケット口がある基本的なポケット（作品1、2）

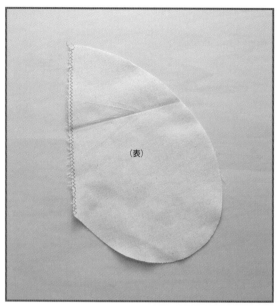

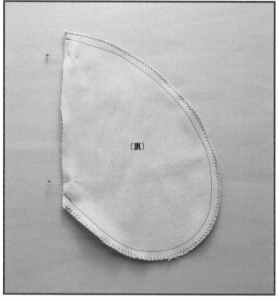

1 右ポケットの作り方。まずポケット袋布を2枚用意する。後ろスカート（身頃）側につける袋布の縫い代は事前にジグザグミシンまたはロックミシンをかけて始末しておく

2 袋布2枚のまわり（スカートまたは身頃と縫い合わせる部分以外）を縫い合わせ、ジグザグミシンまたはロックミシンで始末する。ポケット口位置には印をしておく

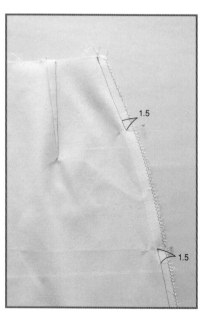

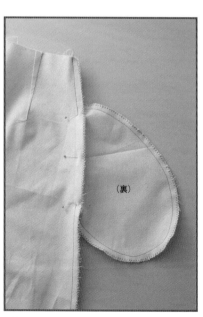

3 前ポケット口の縫い代には1.5cm幅の接着テープをはっておく。スカート（身頃）脇はポケット口を残して縫い合わせる

4 袋布と前スカートのポケット口を中表に合わせてピンでとめる

5 ポケット口を縫い合わせる。ポケット口の縫い始めと終わりは返し縫いをして丈夫に仕立てる。もう1枚の袋布を縫い込まないように注意する

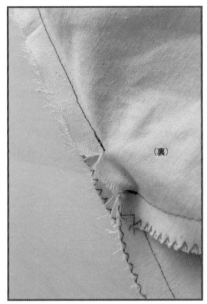

（裏）

6 ポケット口の袋布つけ止まり位置の縫い代にミシン目の際まで切り込みを入れる（袋布の縫い代だけ切り込みを入れる）

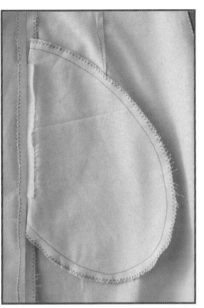

7 縫い合わせたポケット口の縫い代を割る。上下の残りの部分は後ろスカートの縫い代に重ねる

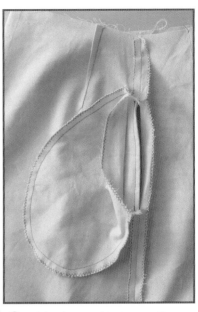

8 袋布の中からのぞくようにしてポケット口にステッチをかける。ステッチ幅はここでは 0.8cm

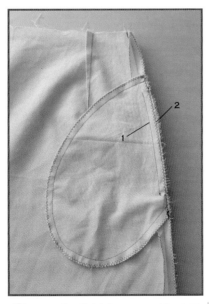

9 もう1枚の袋布を後ろスカート（後ろ身頃）の縫い代に縫いつける。まずポケット口位置を縫い合わせ（1）、次に縫い代端にポケット袋布を端から端まで縫いつける（2）

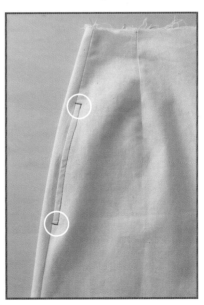

10 ポケット袋布を出来上がりの状態にセットしてからポケット口の上下に表から2～3度くらい重ねてとめミシンをかける

TECHNIQUE ✦ LESSON 9

{ あきの縫い方（袖口あきとカフスつけ）}

シャツやブラウスの袖口あきをパイピング（玉縁）で始末する、簡単で本格的な方法（作品 6）

★ あきの作り方

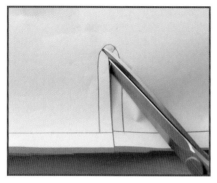

1 あきの部分に型紙を当てて切り込みを入れる。あき止まりは Y の字になるようにカットする

2 3cm 幅の共布バイアステープ（46 ページ参照）をあき寸法×2 ＋4cm 用意する。幅を半分に折り、残りをまた半分に折って、あきの切り込んだところを開き、テープを裏側に重ねて切り込み部分にもミシンがかかるように袖側からつける。右写真は袖裏側から見たところ

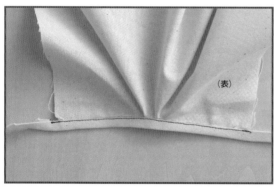

3 バイアステープを出来上がりに折って、表からステッチをかける

4 あきの縫い上がり。バイアステープの見えるほうが後ろ袖側。前袖側はテープを折り込む

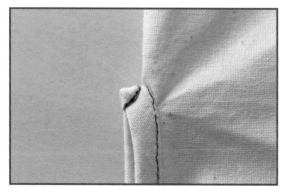

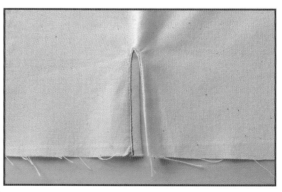

5 テープは裏の端を三角に縫いとめる。ミシンを 2〜3 度重ねて縫う

6 あきの出来上がり

★ カフスのつけ方

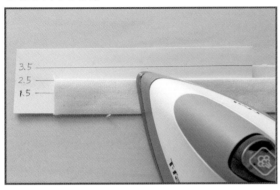

1 カフス全面に接着芯をはり、アイロンで幅を半分に折ってから表カフスのほうを出来上がり幅に折る。アイロン定規(59ページ参照)を使うと便利

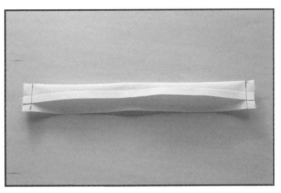

2 表カフス端を出来上がりに折った状態で中表に合わせて両端を縫い合わせる

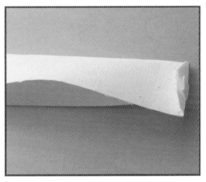

3 縫い代を裏カフス側に折り、角の縫い代は三角にカットし、表に返す。これによってすっきりときれいな角に仕上がる

4 あきを作った袖口に大きい針目のミシン(ギャザーミシン)を端から0.2cmと0.8cmのところに2本かける

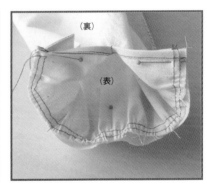

5 袖裏側の袖口に裏カフスを合わせてピンでとめ、ミシン糸を引いてカフス寸法に合わせてギャザーを寄せる

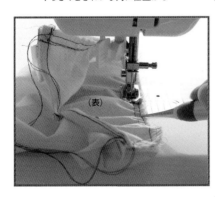

6 ギャザーが均等になるように目打ちで寄せながらミシンをかける

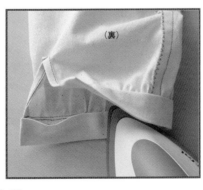

7 カフスを表に返し、アイロンで形を整える。出来上がりに折った縫い代を熱接着両面テープで接着するときちんとできる。角は目打ちで押し出すようにすると形が整う

8 カフスにステッチをかける。このときも6と同じように、のぞくようにするとステッチがかけやすい。ボタンホールを作ってボタンをつける(92、95ページ参照)

TECHNIQUE LESSON 9

{ あきの縫い方 (短冊あき) }

細い前立て布が短冊のように見える途中までのあきの作り方。短冊布を同じ形に作る簡単な方法。シャツやワンピースに (作品 6)

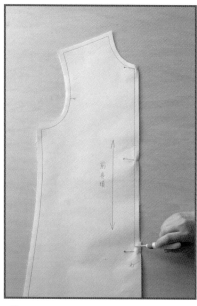

1 身頃の短冊布つけ止まり位置に目打ちで印をつける

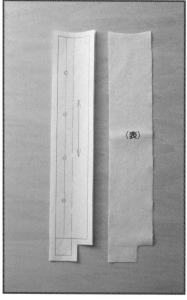

2 短冊布を2枚裁つ。上前布と下前布を共に同じ形に裁つ。接着芯は裏全面にはる

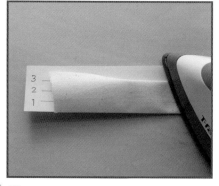

3 短冊布を半分に折り、上前は衿つけ側が右にくるように、下前は左にくるようにして写真のように縫い代を折る。この折り山を縫いつけることになる

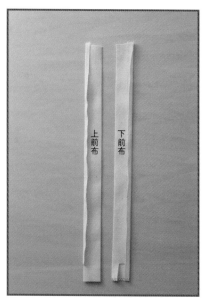

4 残りの縫い代は 3 で折った上から重ねて折る。こうすることで布の厚み分の差が出て、表からステッチをかけてもステッチがはずれることなく、きれいに仕上がる

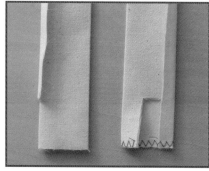

5 下前の下端にはジグザグミシンまたはロックミシンをかけておく

6 上前の下端は出来上がりに折る。表側の短冊布幅と裏側になる布幅の違いが分かる

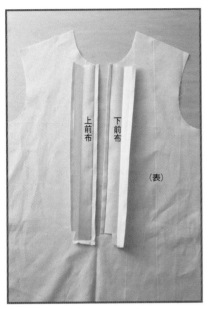

上前布 下前布

（表）

7 前身頃の表に短冊布の **3** で折ったところ
を縫いつける。上前の下端は出来上がりに
折った位置まできちんと縫う。縫い止まり
位置では返し縫いをする

8 **1** で目打ちで印をつけたところ（短冊布の
つけ止まり位置）まで斜めに切り込みを入
れる

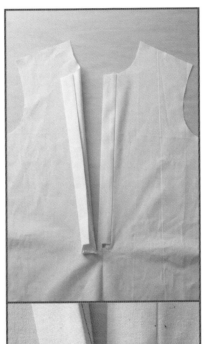

9 短冊布を出来上がりに折る。下前布の下端
は裏側に入れ、上前布は出したままにしてお
く

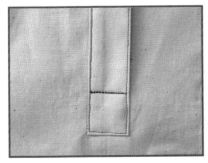

11 上前布と下前布を重ねて、あき止まり位置
から短冊布のつけ止まりまで四角くステッ
チをかける。あき止まり位置ではミシンを
重ねてかける

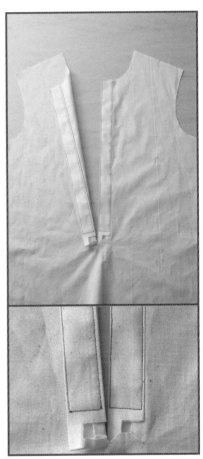

10 短冊布それぞれにあき止まり位置まで表
からステッチをかける。下前布は表から見
たところ。上前布は裏側から見たところ

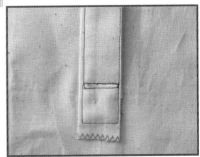

12 短冊あきの出来上がりを裏から見たとこ
ろ。裏側の短冊布幅が表側より少し広く
なるように折っておいたのでミシンがはず
れることなくきちんと仕上がっている

TECHNIQUE LESSON L10

{ シャツ衿の縫い方 }

一般的なシャツ衿のつけ方で、いろいろ応用できるテクニック（作品5）

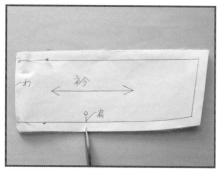

1 衿を裁断する。肩の合い印にはノッチ（20ページ参照）を入れる。後ろ中心は縫い代を三角に切って印とする（18ページ参照）

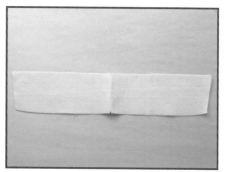

2 表衿の裏全面に接着芯をはる

7 衿を表に返す。角は親指を差し込んで、人さし指で縫い代が浮かないように押さえたまま表に返すときれいに返すことができる

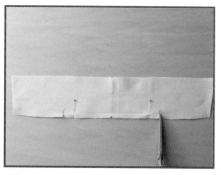

3 表衿の肩位置から2cmくらい前側の縫い代に1cm幅の切り込みを入れる

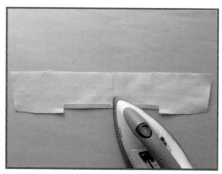

4 切り込み部分を出来上がりに折る

8 表に返したら目打ちを差し込んで角の形を整える。このとき角に直接ではなく0.5cmくらい離れたところから目打ちを差し込んで縫い代を押し出すようにすると、角がほつれたりせずにきれいに整う

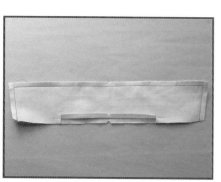

5 裏衿と表衿を中表に合わせてまわりを縫い合わせる。縫い代幅は1cm

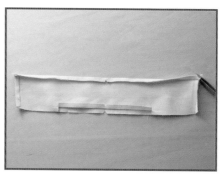

6 縫い代をミシン目の際から表衿側にアイロンで折る。角の縫い代は三角にカットすることですっきりと仕上がる

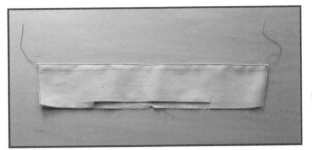

9 アイロンで形を整えてから衿回りにステッチをかける。衿先は23ページの方法でミシンをかけるときれいに出来上がる

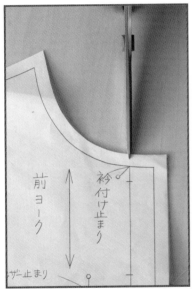

前ヨーク
衿付け止まり
ギャザー止まり

10 身頃側にも印をつける。衿つけ止まりの縫い代にノッチ（20ページ参照）を入れる

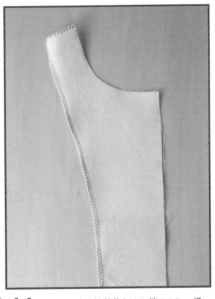

11 見返しは裏に接着芯をはり、端は0.5cm折ってジグザグミシンまたは端を折らずにロックミシンをかける

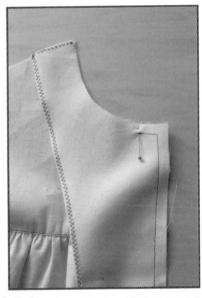

12 前身頃に見返しをつける。身頃と見返しを中表に合わせ、前端から衿つけ止まりまで縫う。縫い始めと終わりは返し縫いをする

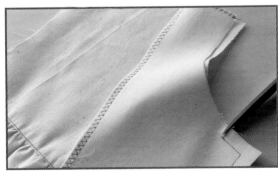

13 衿つけ止まりの縫い代にミシン目の際まで切り込みを入れる。切り込みは糸を切らないように注意しながらぎりぎりまで切る

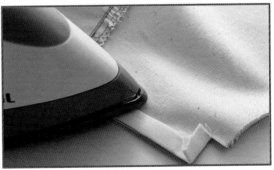

14 衿ぐりから下10cmくらいにミシン目の際から縫い代を身頃側に倒してアイロンで折る。衿つけ止まりまでの縫い代も角をきちんと折る

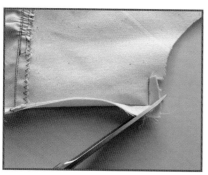

15 角の縫い代は三角にカットする。こうすることですっきりときれいな仕上がりになる

16 14 の 10cm くらい下からの前端の縫い代は割ってアイロンをかける。アイロンはきれいな仕上がりへの最も大切な作業

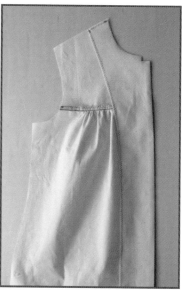

17 見返しがついたところ。右前身頃も同じように見返しをつけたら後ろ身頃と肩を縫い合わせ、縫い代は2枚一緒にジグザグミシンまたはロックミシンで始末をする

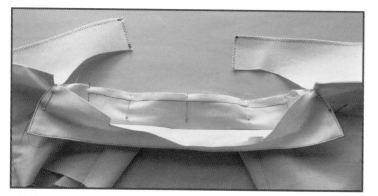

18 裏衿と身頃を中表に合わせてピンを打ち、縫い合わせる。ピンは後ろ中心、肩、前衿ぐりの半分くらいのところまでとめてピンからピンまでを縫う

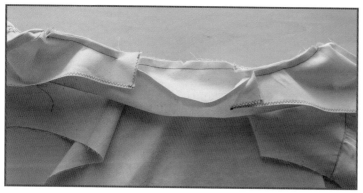

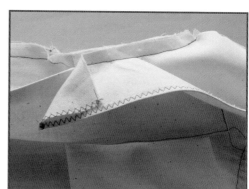

19 衿を見返しではさみ、表衿の切り込みを入れたところまで縫い合わせる

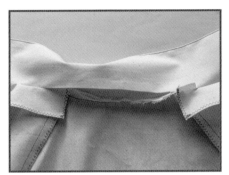

20 表衿の切り込み位置であるピンのところにまず切り込みを入れ（見返し、裏衿、身頃衿ぐりまで切り込む）。残りの縫い代（後ろ身頃衿ぐりと裏衿縫い代、見返しをつけた前衿ぐり）にも1cm間隔で切り込みを入れる

21 見返しを表に返し、後ろ衿ぐりの縫い代を衿の中に入れるようにして表衿をかぶせる。20でのピン位置の切り込みが浅いと表衿をきれいにかぶせることができないので、様子を見て切り込みをしっかり入れる

1 表裾は出来上がりに三つ折りにしておき、その出来上がり線を目安に中表に合わせた見返しと縫う

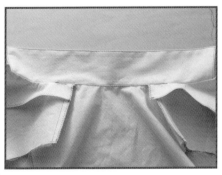

22 表衿をかぶせたらピンでとめる。後ろ中心、肩などバランスよくピンを打つ

23 表衿をかぶせたところにステッチをかける。縫い始めと終わりは返し縫いをする

2 見返しと身頃裾の一部を写真のようにカットする。角は三角にカットする

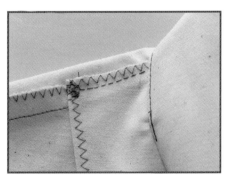

24 見返し端は肩の縫い代に縫いとめる

3 見返し裾を出来上がりに折って表に返す

TECHNIQUE △L11

{ バイアステープの作り方、使い方 }

パイピングや見返し代わりに使う便利なバイアステープ。市販テープより共布バイアステープが使いやすい（作品6）

★ 作り方

1 布目に対して45度の角度をバイアスという。方眼定規を布の耳に45度に当てる。5cm幅の定規の角と5cmのところを布の耳に合わせると45度になる

2 方眼定規を使って必要幅の平行線を引く。出来上がり幅1.2cmのテープを作る場合は2.5cm幅に裁ち、1.8cmの場合は3.5cm幅に裁つ

3 必要な長さのテープを作るためには、はぎ合わせる場合がある。はぎ合わせるところの布目は縦（または横）になるように合わせる

4 テープを中表に合わせて0.5cm幅で縫い合わせる。このとき縫い始めと終わりでテープがずれないように注意する

5 縫い代を割って余分はカットする。このままの状態でもいいが、市販のテープのように両端を折ると使いやすい

6 テープメーカーに布を通し、テープメーカーを引きながらアイロンを当て、縫い代を折る。テープメーカーには1.2cm、1.8cm、2.5cm幅がある

★ パイピング始末

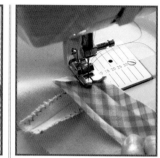

1 パイピング始末のところには縫い代をつけない。身頃裏端とテープ端を合わせ、右側の折り山を縫う。縫い始めのテープは1cmくらい折っておく

2 カーブ（内カーブ）のところはテープを少し引きぎみにしてミシンをかけ、ぐるりとつける

3 カーブのきついところでは写真のようにテープが持ち上がるような感じになるときれいに仕上がる

4 テープを表に折り返し、アイロンで形を整えながら熱接着糸で接着する。ここまで準備をしておくと、ミシンかけが楽にできる

5 テープの表から端ミシンをかける。接着してあるのでピンを打つ必要もなく、ミシンがかけやすい

6 パイピングの出来上がり。このテクニックは洋服だけではなく小物作りにも重宝する縫い方

★ 裏バイアス始末

1 見返し代わりの使い方なので、つける部分には縫い代を0.5cmつけて裁ち、身頃表からテープをつける。テープ端（写真では左端）は身頃にそわせて、伸ばしぎみにつける。その結果カーブ部分のテープの縫い代は写真のように波打つような感じになる

2 カーブ部分の縫い代に切り込みを入れる

 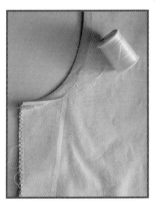

3 テープを表に返してアイロンで出来上がりに折る。カーブのところは伸ばすようにして身頃布になじませ、熱接着糸で接着する。こうしておくとミシンかけが簡単でしかも仕上がりがきれい

4 テープ端と脇を一緒に縫い合わせると袖ぐり下もすっきりきれいにできる

5 ステッチをかけて出来上がり。見返し布分が足りないとき等に便利なテクニック

★ 失敗例

1 裏バイアス始末でよくある失敗がこの写真のような仕上がり。表布がつれてしまって美しくない

2 テープ端を身頃にそわせないで、袖ぐりの縫い代のカーブに合わせてつけると（写真上）、テープを表に返したときにテープが突っ張ったようになる（写真下）。このまま縫うと1の写真のようになってしまうので注意したい

TECHNIQUE LESSON 12

{ ループの作り方 }

ボタンループやチャイナボタンを作ったり、意外に使いみちの多いループはバイアステープで作る

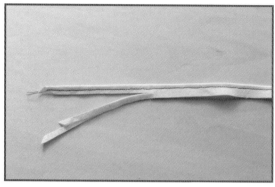

1 2.5cm幅にカットしたバイアステープ（必要寸法より長めに）を二つ折りにして必要に応じて0.3〜0.5cm幅で縫う。縫い代は0.3cmくらいにカットする

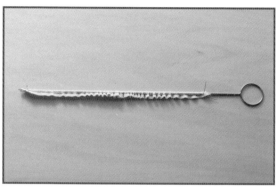

2 ループ返しを差し込む

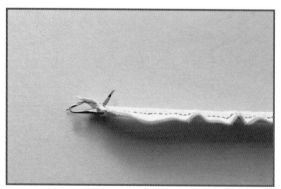

3 ループ返しの先にはフックがついているので、そのフックをテープ布の端に写真のようにセットする

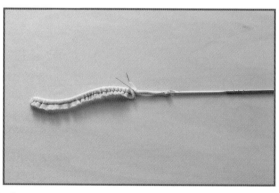

4 布がフックからはずれないように注意しながらループ返しを引いて布先が中に返るようにして引き出す。ループが返った部分が出てきたらループ返しをはずしてもいい

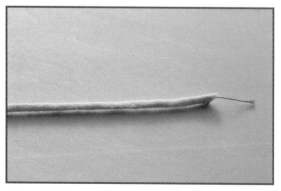

5 ループが全部返ったところ。ボタンループに使う場合は必要な長さにカットして使う

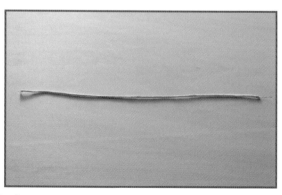

6 93ページのチャイナボタンを作る場合は中に並太毛糸を2本通して作る

BASICS
TECHNIQUE

{ 布について }

★ 布幅

布幅にいろいろあるのはご存じですか。木綿は一般的に 110cm 〜 112cm 幅ですが、たまに 90cm 幅の場合もあります。ウールは一般的に 142cm 幅、輸入リネンやインテリアファブリックには 180cm くらいの広幅もあります。ホームソーイング用の布は大抵の場合 110cm 〜 112cm 幅ですが、布幅が狭いと本に載っている用尺では足りない場合もあるので買う前に確認しましょう

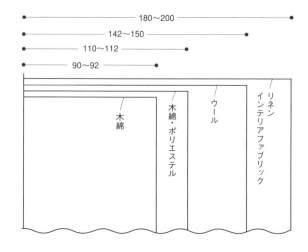

180〜200
142〜150
110〜112
90〜92

木綿
木綿・ポリエステル
ウール
リネン インテリアファブリック

★ 布の種類

大きく分けて布には天然繊維でできた布と化学繊維でできた布があります。天然繊維の布には木綿、麻、シルク、ウールが、化学繊維にはポリエステル、ナイロン等があります。織り方の違いでも分けることができますが、扱い方の点などからやはり素材をまず知って購入しましょう

★ 地直し

聞き慣れない言葉ですが、以前は木綿は縮むことが多く、一度洗って縮ませて、布目（地の目）を整える必要がありました。最近はほとんどその必要がなくなりましたが、リネンや輸入木綿などは縮むので必要です。布耳に対して直角にハサミを入れてもよこ糸（緯糸）にそってカットできない場合は布目が斜めになっているということなので洗濯機で洗い、布を引っ張って布目を直します。洗うことでかなりの場合直ります

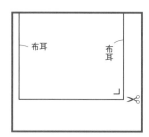

布耳　布耳

地直しが必要な布

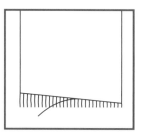

よこ糸を抜くと斜めになる

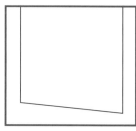

よこ糸にそってカットする

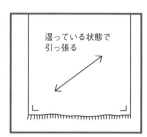

湿っている状態で引っ張る

洗ったあと角が直角になるように引っ張って布目を直す

{ 接着芯について }

表からは見えませんがソーイングに欠かせない裏方の素材です。
芯をはることで形を保つことができて、丈夫にもなります。
ボタンつけやボタンホールを作るシャツの見返し、カフスなどは補強目的と形を整えるため、
ファスナーあき部分は伸び止め、ポケット口は伸び止めと補強、等々理由があります

★ 種類

織りタイプ ………… 織り布に接着剤がついた接着芯。
テープ状になっているものもこの織りタイプが一般的

不織布タイプ …… バッグや帽子のブリムなどに。
しっかりと形を保つことができます

ニットタイプ ……… 編み地に接着剤がついた、ニット地用接着芯ですが、
薄地は普通の布にもおすすめです

★ はり方

アイロンのかけ方 …… 接着するときはアイロンを図のように押しつけて接着します。
普通にアイロンをかけるように滑らせるとしわが寄ってしまうので気をつけてください

温度 ………………………… 高温にすると縮まったり、溶けることもあるので必ず中温でスチームを当てて接着します

★ 裁ち方

裁断した表布を型紙代わりにして裁ちます（18 ページ参照）。
織りタイプの芯を使う場合は表布と芯の布目を合わせます。
表布がたて地なら芯もたて地に

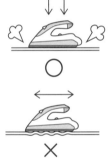

{ サイズをはかる }

自分の各部分のサイズを知っておきましょう。
自分の現在のサイズは思っている寸法と違う
かもしれません
型紙を選ぶときのヌードサイズ（参考寸法表）
と照らし合わせてください
この本では下記のサイズを基に実物大型紙を
作成しています。各作品の出来上がり寸法表
とあわせて、自分のサイズを決めてください

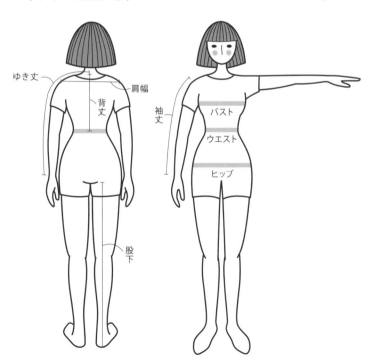

参考寸法表　　　　　　　（単位は cm）

	7 号	9 号	11 号	13 号	15 号
バスト	78	83	88	93	98
ウエスト	59	64	72	78	84
ヒップ	86	90	96	102	108
身長	160	160	160	160	160

{ 自分サイズの型紙の作り方 }

★ 手持ちの服をはかる

型紙のスカート丈やパンツ丈など、はかっても自分にぴったりかどうか分からないとき。そんなときは手持ちの洋服のサイズをはかってみてください。好きな長さのスカート丈、パンツ丈、ゆき丈等をはかってから型紙を確認してください

★ 自分サイズのパーツを組み合わせる

サイズをはかった結果、例えばウエストは9号、ヒップは11号だった場合。自分のサイズに合った型紙ラインを選んで緩やかに線をつないで自分サイズの型紙にします。これが実物大型紙を上手に活用する方法です

★ 型紙パーツを組み替えてデザインする

この本では作品の3と4、5と6がそれぞれ同じ型紙の応用になっているので好きな組み合わせにして自分なりのデザインにすることができます。1と2のスカートもファスナー位置を変えたり、布目を変えることで同じ型紙とは思えないデザインになります。また3に4の袖をつけたり、5と6の袖を入れ替えたり、5の丈を短くしてシャツにしてもいいでしょう

〈ジャストサイズの型紙を作る〉　　　〈パターン標準身長との差が大きい場合の丈の調節〉

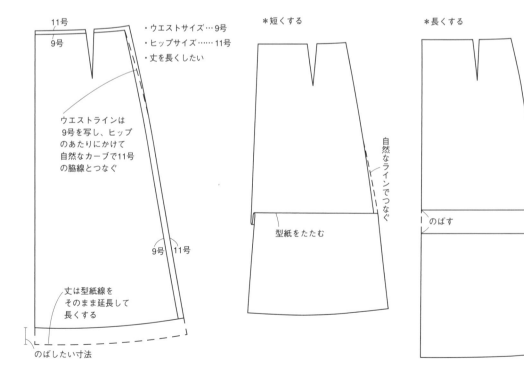

11号
9号

・ウエストサイズ…9号
・ヒップサイズ……11号
・丈を長くしたい

ウエストラインは
9号を写し、ヒップ
のあたりにかけて
自然なカーブで11号
の脇線とつなぐ

9号　11号

丈は型紙線を
そのまま延長して
長くする

のばしたい寸法

*短くする

自然なラインでつなぐ

型紙をたたむ

*長くする

のばす

自然なラインでつなぐ

{ 縫い代つき型紙の作り方 }

この本では実物大型紙を写した後、必要な縫い代をつけて、使いやすい型紙にすることをおすすめします。
ひと手間かかりますが裁断に失敗がなく縫い合わせも簡単です。
まずハトロン紙 (型紙用のロールタイプもあります) を用意して型紙を写します。
型紙に入っているマークや布目線、ポケット位置、あき止まり位置など、すべて写します。
ポケットや見返しは別に写してそれぞれ型紙を作ります

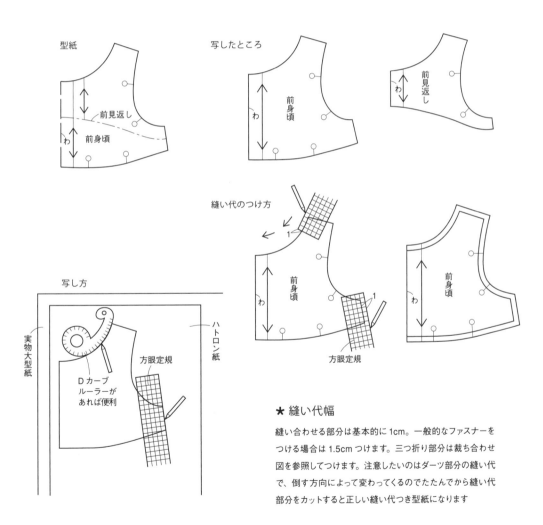

★ 縫い代幅

縫い合わせる部分は基本的に1cm。一般的なファスナーをつける場合は 1.5cm つけます。三つ折り部分は裁ち合わせ図を参照してつけます。注意したいのはダーツ部分の縫い代で、倒す方向によって変わってくるのでたたんでから縫い代部分をカットすると正しい縫い代つき型紙になります

BASICS
Before Sewing

{ 裁ち合わせ }

布に型紙を置いて裁断をします。そのときに気をつける点がいくつかあります

★ 布目をきちんとそろえる

たて糸にそってたたむためには布耳から型紙が入る幅をは
かってきちんとたたみます。半分にたたむときは地の目が
通っていればそのまま耳を合わせて半分にたたみます。この
たたんだところが〝わ〟になっているので型紙に〝わ〟の表
示のある場合はラインをこのたたんだところに合わせます。
実物大型紙には布目線が入っているので、布目と平行に型
紙を置きます

布目に合わせてたたむ　　　　　　　型紙を置く

方眼定規

わ　　布目　　布耳

布が〝わ〟になったところ

型紙の表示が〝わ〟のところを布が〝わ〟になったところに合わせる

布目線

後ろ身頃

わ

★ 毛足の流れ、柄方向に注意する

裁断する前にまず、別珍やコーデュロイのように布に毛足
があるかどうか、柄が一方向かどうかをチェックします。毛
足のない無地、特に方向性のない柄の場合は右図のように
型紙を差し込んで裁断してもかまいませんが、柄が一方向の
場合は型紙は同じ方向に置いて裁ちます。毛足の流れのあ
る場合は逆毛になるように型紙を置きます。チェック柄の
場合は身頃が左右対称になるように、横縞も脇で合うよう
に注意しましょう

同じ方向に型紙を置く場合

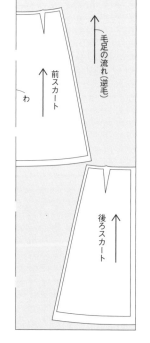

毛足の流れ（逆毛）

前スカート

わ

後ろスカート

★ 型紙の布目

布目の方向は基本的に型紙の指示に従って裁ちますが、デ
ザインなどによってはたて地をよこ地に使うこともあります。
また用尺が足りない場合などヨークの布目をたて地に裁って
もいいし、ポケット袋布が足りない場合は別布を使うといい
でしょう

差し込んで裁つ場合

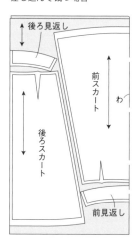

後ろ見返し

前スカート

わ

後ろスカート

前見返し

{ 洋裁用語 }

ソーイングでよく使われる用語です

合い印＝ノッチ
縫い合わせるときにずれないようにつける印で、この印と印を合わせて縫う。型紙に入っているので必ず印つけをする（20 ページ）

いせ（る）
平面の布を立体的にする技法。布を細かく縫い縮めて蒸気を当てて形を作る。袖山、後ろ肩やフレアの裾などに使われ、いせ込みともいう（76 ページ）

後ろ中心
後ろ身頃や後ろスカートの中心のこと

裏バイアス
バイアステープを裏に当てて布端の始末をする方法（47 ページ）

返し口
2 枚の布のまわりを縫い合わせ表に返す場合の縫い残しておく部分のこと。ここから表に返す

完全三つ折り
出来上がりの三つ折り幅と折り込む幅を同じにして作る三つ折り。透ける布の三つ折りに適している（59 ページ）

ぐし縫い
指を針から離さずに針先だけを動かして細かく縫うこと

逆毛（さかげ）
コーデュロイや別珍など起毛織物の毛足の流れが下から上へ流れていること（54 ページ）。こうして裁つと、着たときに白っぽくならず、深みのある色合いになる

捨てミシン
布端にほつれ止めのためにかけるミシンのこと

スラッシュあき
スラッシュは切り込み、切れ目という意味で、その名のとおり切り込みのように見えるあきのこと。袖口や衿あきに使われる（60 ページ）

裁ち合わせ
裁断する際に布が無駄なく裁てるように型紙を置くこと（54 ページ）

裁ち出し見返し
身頃からそのまま続けて裁った見返しのこと。接着芯をはる場合は見返し幅より 1cm くらい身頃側まではる

タック
つまみ、ひだをとること、などの意味で平面的な布を立体的に装飾する技法。布の丈や幅を短くするために使われることもある（87ページ）

玉縁
布端始末の方法で、裁ち端を共布や別布のバイアステープでくるむ方法のこと。パイピングと呼ばれることもある（46 ページ）

力布（ちからぬの）
力のかかる箇所に表布を補強するために裏に当てる布のこと。当て布ともいう

共布バイアステープ
表布と同じ布で作ったバイアステープのこと（46 ページ）

どんでん返し
裏つき洋服の仕立て方の一つ。表身頃、裏身頃をそれぞれ縫ったあと縫い合わせる方法で、最後に後ろ裾の中央を縫い残してそこから返すためこの名がついた

縫い代
縫い合わせるために必要な部分。一般的には裏に隠れて見えないがいろいろな方法で端始末をする（56 ページ）

縫い割る
縫い合わせたところの縫い代にアイロンをかけて左右に開く（割る）こと（56 ページ）

布目
布地のたて（経）、よこ（緯）の織り目のこと。特に布目を通すという場合はたての布目を通すことで、布の耳に平行なのがたての布目になる（50、54 ページ）

布目線
型紙に入っている矢印線のこと。この線とたての布目を合わせて裁断するので型紙には必ず入れておく（54 ページ）

バイアス
斜めの意味でソーイングでは生地の布目方向のことをいう。たて糸とよこ糸の 90 度交差しているのに対して 45 度の方向のこと。45 度に裁った布を正バイアスという（46 ページ）

パッチポケット
パッチははりつけるという意味。その名のとおりはりつけポケットのこと。衣服の表に別に作ってつけるポケットのこと（66 ページ）

袋布
スラッシュポケットや切り替えポケットなどのポケット部分の布のこと。ポケット袋布ともいう（36 ページ）

星どめ
糸の針目が星のように小さな点に見えるところからこう呼ばれている。ミシンステッチの代わりにしっかり縫いとめたいときに使う（90 ページ）

前中心
前身頃や前スカートの中心のこと

見返し
身頃の前端、衿ぐり、袖口、スカートやパンツのウエストや裾などの裏側の始末に用いられる布のこと（30 ページ）

三つ折り
布端の始末の方法で裾や袖口などに用いられる。布端を出来上がりに折り、1cm くらい折り込んでミシンをかけたりまつったりする（59 ページ）

ヨーク
身頃の背肩、胸部やスカートの腰部に切り替えを入れてつける布のこと（7、13、15 ページ）

わで裁つ
布をたたんで〝わ〟にして裁つこと。型紙に〝わ〟の表示のある部分はこの〝わ〟にたたんだところに合わせて裁つ（54 ページ）

縫い代始末 ❶ 縫い代始末にはいろいろな方法があり、見えないところだが丁寧に始末することできれいな仕立て上がりになる

一般的な場合　　　　{ 縫い割る }

A

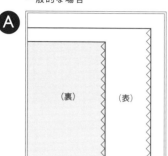

（裏）　（表）

1 縫い合わせる前に布端にジグザグミシンまたはロックミシンをかけておく

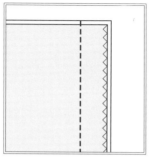

2 布地を中表に合わせて縫う

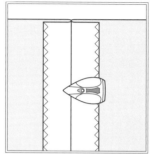

3 アイロンをかけて縫い代を割る。これを縫い割るという

B 丁寧な始末をしたい場合とほつれやすい生地の場合

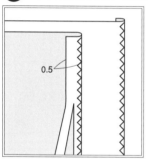

0.5

1 布端を0.5cm折ってジグザグミシンをかけ、余分をカットする

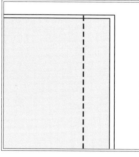

2 縫い合わせたらアイロンをかけて縫い代を割る

C ジャージーなど伸びる素材の場合

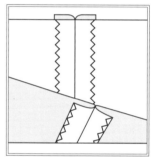

1 布を中表にして縫い合わせる

2 縫い代を割ってから布端をジグザグミシンで表布に縫いつける

{ 縫い代を倒す } 簡単で丈夫な縫い代始末の方法

1 縫い合わせてから縫い代を2枚合わせてジグザグミシンまたはロックミシンをかける

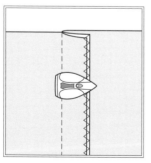

2 アイロンで縫い代を片側に倒す。デザインによってはこのままで仕上げの場合もある

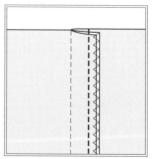

3 縫い代端にステッチをかける

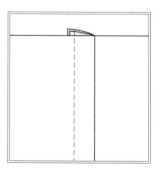

4 表から見たところ。デザインによってはダブルステッチにする

{ 折り伏せ縫い } 布端がくるまれるのできれいで丈夫な方法。手縫いでの始末にも向いている

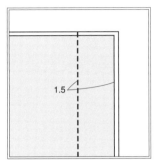 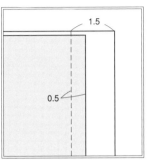 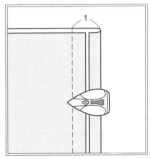 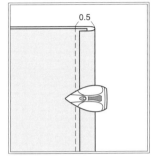

1 縫い代は1.5cmつけ、縫い合わせる

2 片方の縫い代は0.5cmにカットする

3 長いほうの縫い代を手前の縫い代と突き合わせにして折る

*薄地の場合は縫い代を1cmにして図のように半分に折る

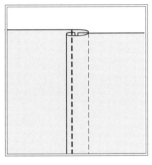 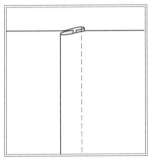 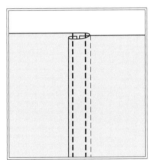

4 縫い目のところから縫い代を倒してステッチをかける。手縫いの場合はまつってもいい

5 表から見たところ

*シャツ等にはダブルステッチにしてもいい

{ 袋縫い } 薄地におすすめの方法。手縫いでの始末にも向いている

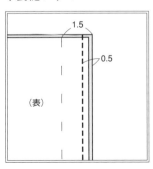 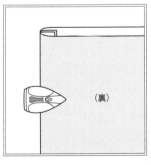 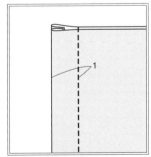 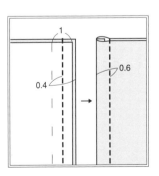

1 縫い代は1.5cmつけ、布を外表に合わせて0.5cmのところで縫い合わせる

2 アイロンで中表になるように縫い目からきっちり折る

3 1cm幅で縫い合わせる

*透けるくらい薄地の場合は1cmの縫い代で図のような寸法で縫う

{ カーブと角の縫い代始末 }

Ⓐ 内カーブの場合

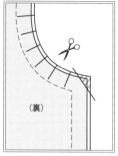

1 衿ぐり等のカーブ部分の縫い代に切り込みを入れ、角を三角に切り落とす

2 ミシン目の際から縫い代を折る

3 縫い代幅を半分くらいにカットする

Ⓑ 外カーブの場合

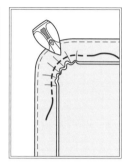

1 縫い合わせたあと、縫い代にぐし縫い。または大きい針目のミシンをかける

2 糸を引きながらアイロンでミシン目の際から折る

Ｖネックの場合

Ⓒ

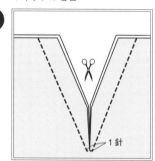

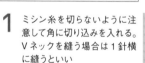

1針

1 ミシン糸を切らないように注意して角に切り込みを入れる。Ｖネックを縫う場合は1針横に縫うといい

2 縫い代をミシン目の際からアイロンで折り、表に返す

3 ステッチをかけてＶネックの出来上がり

（表）

スクエアネックの場合

Ⓓ

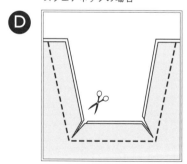

1 ミシン糸を切らないように注意して角に切り込みを入れる

2 縫い代をミシン目の際からアイロンで折り、表に返す

3 ステッチをかけてスクエアネックの出来上がり

{ 三つ折り } 裾や袖口、ウエストなどの仕上げ方。
縫う前に折っておく

{ 完全三つ折り }

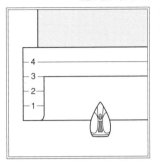

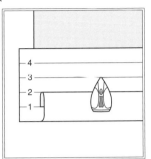

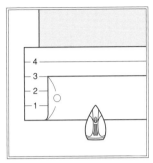

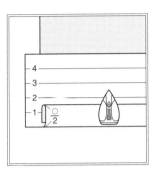

1 アイロン定規を使って折り代
分（縫い代幅）を折る

2 1cm 折り込んでアイロンで形
を整える（2cm 幅の三つ折り
になる）

1 アイロン定規を使って折り代
分（縫い代幅）を折る

2 折り上げた幅を半分に折って
アイロンで形を整える。透け
る布におすすめの折り方

HINT & TIPS

アイロン定規

はがきくらいの大きさの厚紙
に 1cm 間隔の線を引いてお
く。それを目安に折ると便利

{ 三つ巻き } スカーフ等の端始末に使う。三つ巻き機を使用すると便利

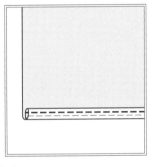

1 0.5cm 折って端にミシンをか
け、ミシン目の際から余分を
カットする

2 1 でカットした布端のところ
から折ってミシンをかける

{ 二つ折り } 軽く仕上げるのに向く始末

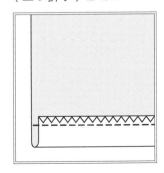

布端をジグザグミシンかロックミシ
ンで始末して出来上がりに折り、ス
テッチをかける

ジョーゼット、シフォン等、表に
ひびかないようにする場合は手
縫いの方法もある（91ページ参照）

あきの作り方 ❶ 身頃や袖口、パンツ、スカートなどに使われるいろいろなあきの作り方とファスナーつけの方法

{ スラッシュあき } 見返しをつけて作る簡単なあきの始末

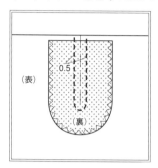

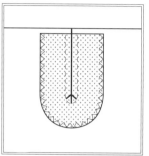

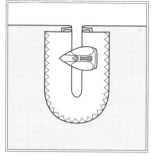

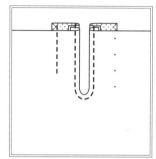

1 接着芯をはって、まわりをジグザグミシンで始末した見返しを中表に合わせて図のようにミシンをかける

2 ミシン糸を切らないように気をつけて、際まで切り込みを入れる

3 見返しを表に返し、アイロンで形を整える

4 あき部分にステッチをかけたり、見返しをとめてもいい（ミシンまたはまつり）

{ ひも通し口 } 接着芯を使った簡単な方法（34、83 ページ参照）

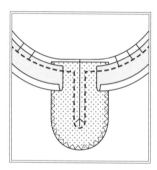

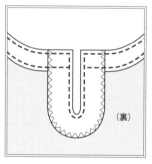

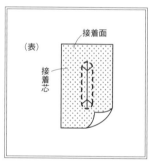

1 バイアステープと組み合わせて衿ぐりの始末などをする場合は、見返しに重ねてテープをつける。切り込み方法は上と同じ

2 見返しとバイアステープを表に返してステッチをかける。このとき角にもきちんとアイロンをかける

1 つけ部分に接着芯を中表に合わせてミシンで縫い、切り込みを入れる

2 接着芯を裏側に返してアイロンで接着する

{ 袖口 } 7分袖の袖口や衿なしあきのデザインに使う

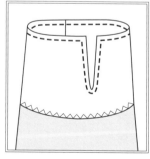

1 輪に縫った見返しをつけ、細いVの形のあきを縫う。糸を切らないように注意してVの先まで切り込みを入れる

2 見返しを表に返し、アイロンで形を整えてステッチをかける

{ スカートのスリット } タイトスカートなどのスリットあき。A はベンツ、B は突き合わせ、C はベンツを別布で作る方法

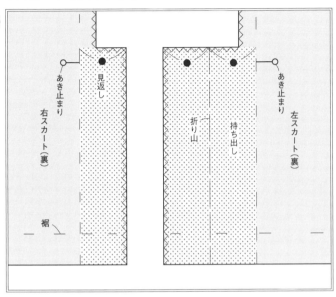

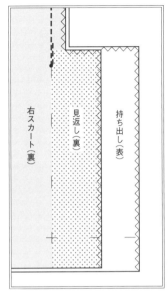

1 左スカートには持ち出し、右スカートには見返しをつけて裁つ。見返しと持ち出しには接着芯をはり、布端はジグザグミシンなどで始末しておく

2 あき止まりまで縫い合わせる。あき止まり位置は返し縫いをしておく

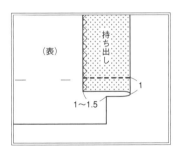

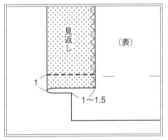

3 持ち出しと見返しをそれぞれ中表に折って裾を縫う。余分な折り返し分はカットしておく

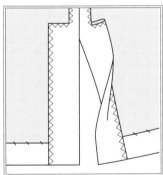

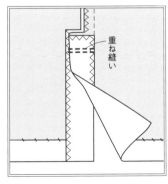

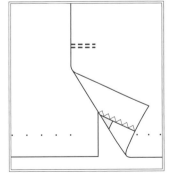

4 見返しと持ち出しを表に返してアイロンで形を整え、裾の始末をする

5 持ち出しと見返しを重ねてステッチで押さえる。ステッチを表に出したくない場合はこれで出来上がり

6 表からあき止まりにとめミシンをかける。5で表まで通してミシンをかけてもいい

TECHNIQUE LESSON L14 あきの作り方

B

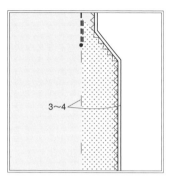

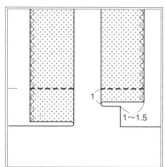

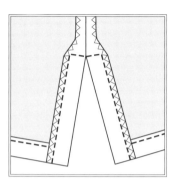

1 あき部分の見返しに芯をはり、端はジグザグミシンで始末をしておく。あき止まりまで縫い合わせ、あき止まり位置は返し縫いをしておく

2 見返しを中表に折り裾を縫う。図のように余分な折り返し分をカットする

3 見返しを表に返し、裾を三つ折り（または二つ折り）にして裾とあき部分にステッチをかける。まつって仕上げてもいい

C

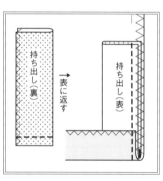

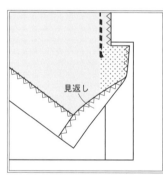

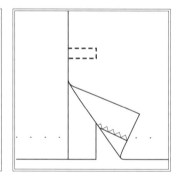

1 持ち出しは芯をはって二つに折り、ミシンをかけて表に返し、図のように持ち出しをのせて裾を折り、ミシンをかける

2 左右スカートの裾を仕上げてからあき止まりまで縫い合わせる。見返しは布幅が足りなければ別布をつける

3 表からあき止まりにとめミシンをかける

{ 簡単な短冊あき } 40 ページより簡単なつけ方。袖口あきにも応用できる

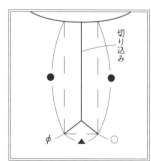

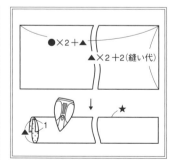

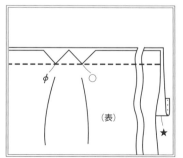

1 つける部分の印をつけ、切り込みを入れる

2 短冊布を作る。接着芯をはり、図のように（40 ページ参照）折っておく。★印の折り山が表になるようにつける

3 つけ部分の印に合わせて裏側から短冊布をつける。切り込みのところは伸ばしてつける

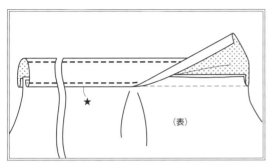

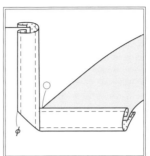

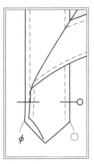

4 短冊布を表に返し、出来上がりに折ってステッチをかける。熱接着糸（21ページ参照）などで接着してからステッチをかけるといい

5 短冊布端が図のように三角になるように折る

6 先が三角形になるように折り、ピンでとめておく

7 ステッチをかけて仕上げる

{ オープンファスナーのつけ方 } ブルゾンなどに使う。ファスナーのエレメント（65ページ参照）が見えない方法

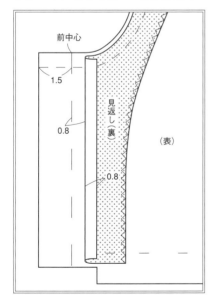

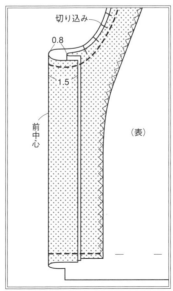

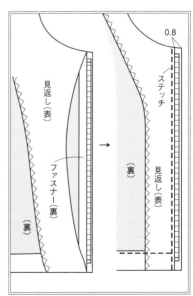

1 見返しと身頃の折り返し部分には接着芯をはっておく。身頃の上に見返しを図のように折って重ねる

2 図のように身頃と見返しをセットして衿ぐりと裾を縫い合わせる

3 見返しを表に返し、ファスナーつけ部分にファスナーを熱接着糸で接着する。ない場合はしつけでとめる。見返しを上にのせて整え、ステッチをかけてとめる

{ パンツのファスナーあき } 持ち出しをつけたファスナーつけの方法

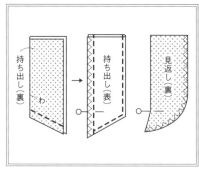

1 持ち出しと見返しを用意する。どちらも接着芯をはっておく。あき止まり位置に印をつけておく

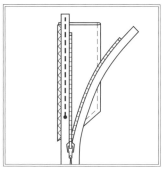

2 持ち出し端に合わせてファスナーをあき止まりまでつける。ファスナーテープには熱接着両面テープをはっておく（26ページ参照）。長めの樹脂製ファスナーを使うとつけやすい

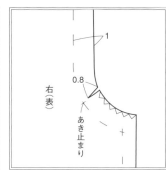

3 持ち出しをつける部分の縫い代（1cm幅）のあき止まりに0.8cmの切り込みを入れる

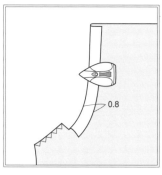

4 切り込みを入れた部分の縫い代0.8cmをアイロンで折る

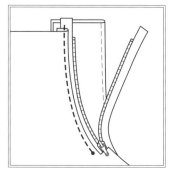

5 ファスナーをつけた持ち出しを裏から当てて表からステッチをかける。押さえ金は片押さえ（26ページ参照）を使うときれいにつけられる

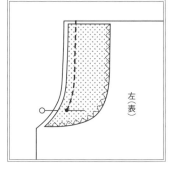

6 見返しをあき止まり位置まで縫いつける。ここの縫い代幅は1cm

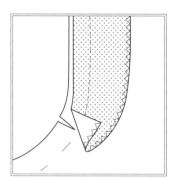

7 あき止まり位置のパンツの縫い代にだけ切込みを入れる

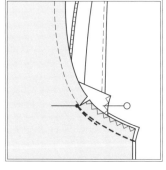

8 左右パンツの股上をあき止まりまで見返しと持ち出しをよけて縫う。縫始めと終わり、特にあき止まりでは返し縫いをして丈夫にする

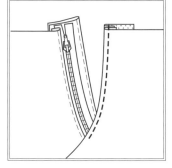

9 左パンツの見返しをつけたところにあき止まり位置までステッチをかける

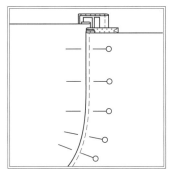

10 ファスナーを閉めて左パンツ端を5の持ち出しステッチにかぶせるように合わせてピンでとめる

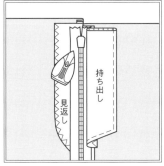

見返し
持ち出し

11 持ち出しをよけてファスナーテープを見返しに接着する。両面テープを使わない場合は見返しにピンでとめるかしつけをする

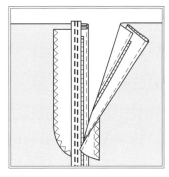

12 表布と一緒に縫わないように見返しだけにファスナーをつける

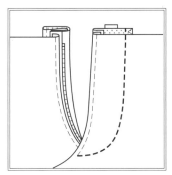

13 見返しを左パンツに縫いつける。このとき持ち出しを縫い込むことがあるので注意する

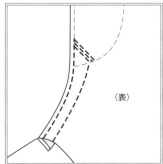

（表）

14 ファスナーを閉じてから股上縫い代を倒してその部分にステッチをかけ、続けてあき止まりにとめミシンをかける。このとき持ち出しも一緒に縫いとめる

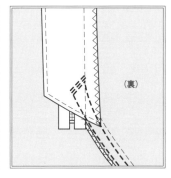

（裏）

15 裏から見た状態。長めのファスナーを使った場合は余分をカットする。あき止まりのとめミシンは3度くらい返し縫いをする

{ ファスナーの種類と各部名称 }

ファスナーの種類は形態と素材によっていろいろ分かれています。

＊下止めタイプとオープンタイプ
パンツやスカートに使われるのが下止めタイプ。この下止めタイプにはエレメントが見えるタイプと、見えないコンシールファスナーがあります。ブルゾン等によく使われている下まで開くものがオープンファスナー

＊エレメントの素材
エレメントの素材には大きく分けて金属製と樹脂製があります。樹脂にもビスロン、コイルビューロンなどいろいろな素材があり、熱に弱いタイプもあるので当て布をしてからアイロンをかけてください。一般的に柔らかくてつけやすい素材は樹脂製です

＊ファスナー寸法
金属製のエレメントやオープンファスナーの場合は自分で直すか、お店で直してもらいますが、フラットニットなど樹脂製のファスナーの場合はつけ寸法に合わせて縫い、カットすることができるので便利です。またコンシールファスナーはつけ寸法より2cmくらい余分の長さが必要です（29ページ参照）。長い場合はつけてから余分をカットします

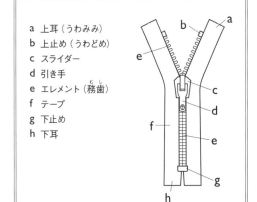

a 上耳（うわみみ）
b 上止め（うわどめ）
c スライダー
d 引き手
e エレメント（務歯）
f テープ
g 下止め
h 下耳

ポケットのつけ方 ❶

{ パッチポケット } 縫いつけるポケット。四角は 21、23 ページ参照

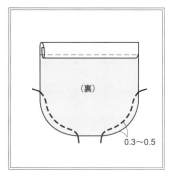

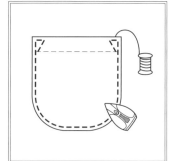

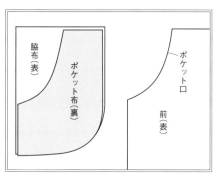

1 カーブ部分に大きい針目のミシンをかける。またはぐし縫いをする

2 カーブの糸を引きながら厚紙で作ったポケットの出来上がりの型紙を入れ、アイロンで形を整える

3 熱で接着する糸やテープで接着してから（21 ページ参照）ミシンでつけると簡単

{ 切り替えポケット① } スカートやパンツに使うポケット

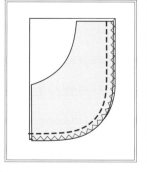

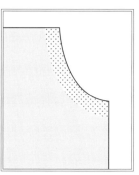

1 脇布、ポケット布を用意する。脇布は前布と同じ布、ポケット布は表布が厚地の場合は薄地の別布を使う

2 脇布とポケット布を縫い合わせてジグザグミシンまたはロックミシンで始末する

3 前布のポケット口の裏には接着テープをはっておく

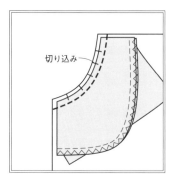

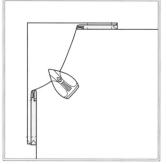

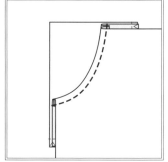

4 前布とポケット布を中表にしてポケット口を縫い合わせる。脇布はあけておく

5 ポケット口を出来上がりに返し、アイロンで整える

6 ポケット口にステッチをかける。端ミシンやダブルステッチなど好みのステッチをかける

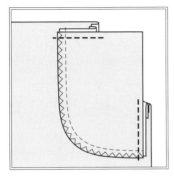

7 脇とウエスト部分に脇布を縫いつけておく

8 後ろ布をつけ、ポケット口端にとめミシンをかける

{ 切り替えポケット② } ①と同じデザインで簡単なつけ方

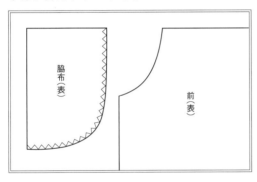

1 こちらは脇布だけを用意する。脇布の縫い代はジグザグミシンまたはロックミシンで始末しておく

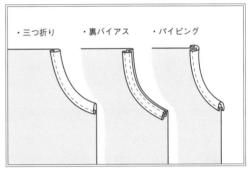

2 前布のポケット口は三つ折りしてステッチでとめる。ポケット口のカーブがきつくて三つ折りができない場合は、接着テープをはってバイアス始末（46ページ参照）をする

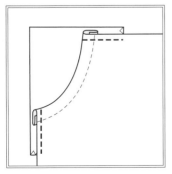

3 前布と脇布を出来上がり位置に合わせて脇とウエスト部分を縫い合わせる

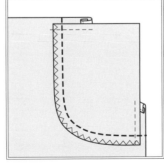

4 脇布を縫いつける

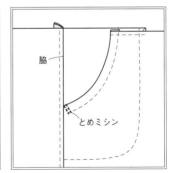

5 後ろ布をつけ、ポケット口端にとめミシンをかける

{ フラップポケット } パッチポケットと組み合わせる等、カジュアルなデザインに使う

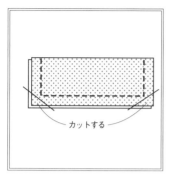

1 表フラップの裏には接着芯をはり、縫い合わせる。角はカットする

2 ミシン目の際からアイロンで折る

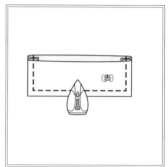

3 表に返してアイロンで形を整え、ステッチをかける

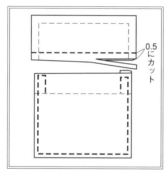

4 まずポケットをつけてから図のように縫いとめ、縫い代を 0.5cm にカットする

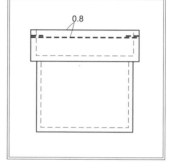

5 折り返してステッチで押さえる。縫い始めと終わりは返し縫いをする

{ まちつきポケット } カーゴパンツなどに使う。大きめで収容量もたっぷり

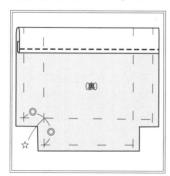

1 ポケット口を三つ折りにしてステッチをかける。縫い代は出来上がりにアイロンで折っておく

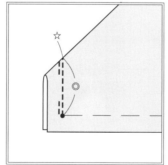

2 まちを縫い合わせる。このとき出来上がり位置まで縫い、返し縫いをする。縫い代まで縫い合わせないように注意する

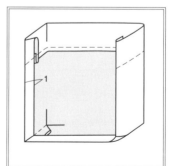

3 縫い代を出来上がりに折る

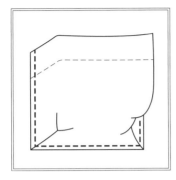

4 ミシンでポケットをつける

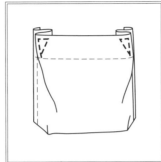

5 ポケット口は図のようにまち分の半分をたたんで三角、または四角に縫って丈夫に仕上げる

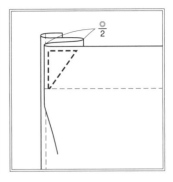

{ プリーツ入りポケット } パッチポケットにプリーツを入れたデザイン

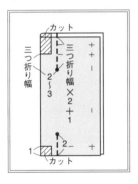

1 ポケット口と底部分のプリーツ分を縫う。縫い始めと終わりは返し縫いをする

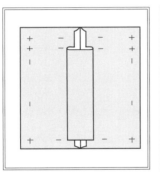

2 余分な部分をカットしてからプリーツをたたむ

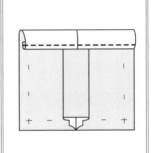

3 ポケット口を三つ折りにしてステッチをかける

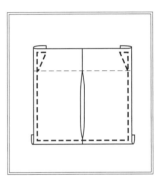

4 縫い代を出来上がりに折り、ミシンでつける

{ 簡単玉縁ポケット } ジャケットなどに使うデザイン。袋布を1枚で作る簡単な方法

1 ポケット袋布を裁つ

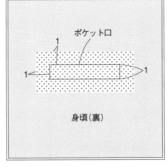

2 つけるところ（身頃など）のポケット口裏には接着芯をはっておく。ポケット口より周囲を 1cm 大きくはる

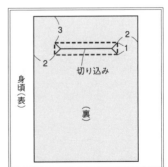

3 袋布にポケット口の印をつけ、ミシンでつける。切り込みは中心と角にきっちり入れる

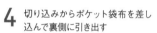

4 切り込みからポケット袋布を差し込んで裏側に引き出す

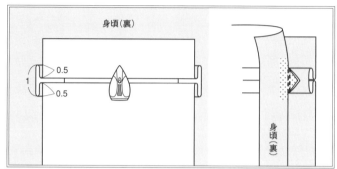

5 アイロンでポケット口の玉縁の形を整える。ポケット口端の三角の部分を縫いとめる

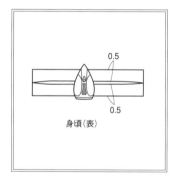

6 表からも玉縁の形を整えてアイロンをかける

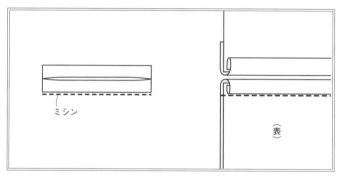

7 玉縁の下のところの際にミシンをかける

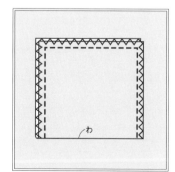

8 袋布の下端と上端を合わせて折り、まわりを縫って始末する

9 表から上の玉縁とポケット口端にミシンをかける

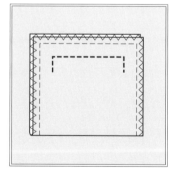

10 裏から見たところ。これで玉縁ポケットの出来上がり

{ 簡単箱ポケット }　コートやスーツの上着などに使うデザイン

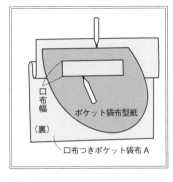

1　袋布と口布を含めたポケット袋布を用意する。口布を折った形がポケット袋布Aとなる。ポケット袋布Bは口布分を含めないで裁つ

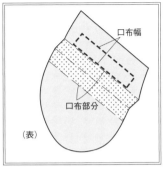

2　ポケット袋布Aの口布部分には接着芯をはっておく。ポケット口を四角に縫いつける

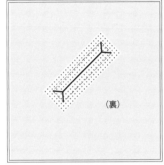

3　つけ部分の裏側にも接着芯をはっておく。ポケット口には角までちっと切り込みを入れる

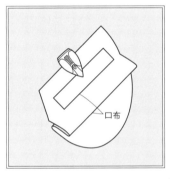

4　ポケット袋布Aをポケット口の切り込みから差し込んで裏側に引き出し、アイロンでポケット口の形を整える

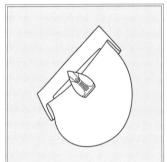

5　ポケット口に合わせて口布部分を出来上がりに折る

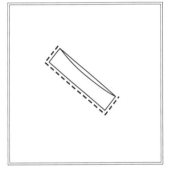

6　表からポケット口端と下辺にミシンをかける

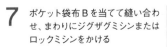

7　ポケット袋布Bを当てて縫い合わせ、まわりにジグザグミシンまたはロックミシンをかける

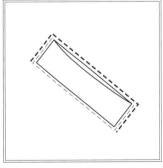

8　ポケット口端と上辺にミシンをかける

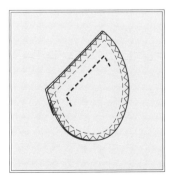

9　裏から見たところ。難しそうな箱ポケットだが、口布を別につけない方法なので簡単にできる

衿のつけ方　❶ シャツカラー（42 ページ参照）以外の衿つけテクニックのいろいろ

{ フラットカラー } ブラウスの衿やセーラーカラーのつけ方。表衿の裏に接着芯をはる

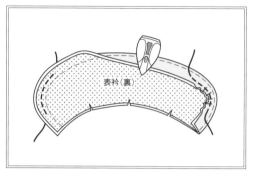

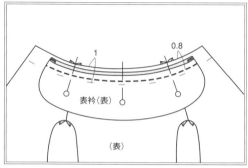

1 衿を中表に縫い合わせ、カーブの縫い代にぐし縫いをして糸を引き、ミシン目の際から表衿側にアイロンで折る。表に返してもう一度アイロンで形を整える

2 衿の合い印と身頃衿ぐりの合い印を合わせてピンでとめる。0.8cm 幅のところにミシンでつける（しつけミシン）

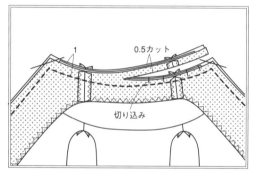

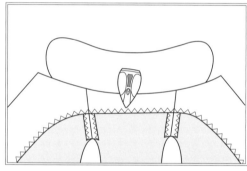

3 見返しを中表に合わせてピンを打ち、衿ぐり、前端を縫い合わせる。衿ぐりの縫い代を 0.5cm くらいにカットし、切り込みを入れる。縫い代は縫い目の際から折っておく

4 見返しを表に返す。表からもアイロンを当てて整える

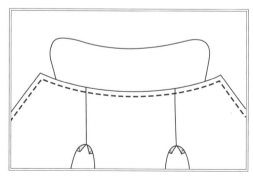

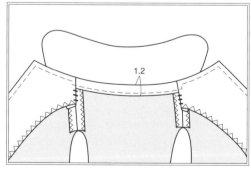

5 前端、衿ぐりにステッチをかける

＊ 後ろ衿ぐりに見返しではなく、バイアステープを使う方法もある。前見返し端を折った上にバイアステープを重ねて縫い合わせる。前見返し端は肩の縫い代にまつりつける

{ スタンドカラー } Aは衿が重なるつけ方、Bは突き合わせになるつけ方。表衿の裏に接着芯をはる

A

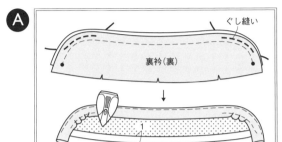

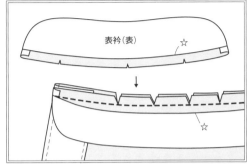

1 衿を中表に合わせ、出来上がりまで縫う。表衿は衿つけ縫い代を1cm折っておく。まわりの縫い代はミシン目の際から折る。カーブの縫い代部分にぐし縫いをし、糸を引いてアイロンで折る

2 表に返してアイロンで衿の形を整える。縫い代幅は1cmで裏身頃側から裏衿をつけ、縫い代に切り込みを入れ0.5cmにカットする

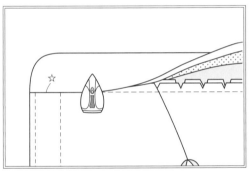

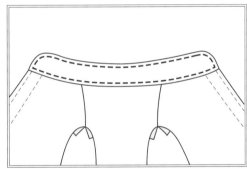

3 表衿を衿ぐり縫い代にかぶせ、アイロンで形を整え、ピンでとめる。熱接着糸（21、47ページ参照）を使うと便利

4 表からステッチをかける。カーブ部分はミシンの速度を落としてゆっくりと、しかしミシンを止めずに一気にかける

B

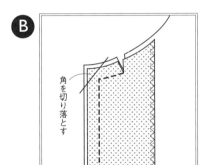

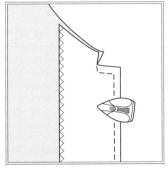

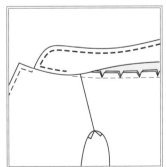

1 見返しと身頃を中表に合わせて衿つけ止まりまで縫い、衿つけ止まりの縫い代に切り込みを入れる

2 見返しを表に返してアイロンで形を整え、前端と衿ぐり端にステッチをかけておく

3 Aと同じ方法で、裏身頃側から衿をつけ、表からかぶせてステッチをかける

TECHNIQUE L16 衿のつけ方

{ 台衿つきカラー } 表上衿、表台衿の裏に接着芯をはる

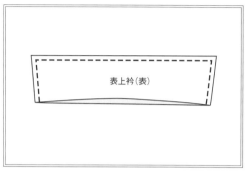

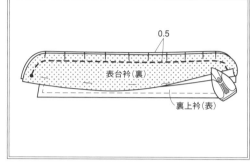

1 42ページを参照して上衿を作る。衿回りのステッチは端ミシンやダブルステッチなど好みのデザインで

2 表台衿と裏台衿で上衿をはさんで、出来上がりまで縫う。縫い代に切り込みを入れ、0.5cmにカットする。表台衿のつけ側を出来上がりに折っておく

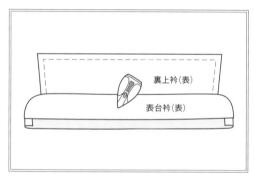

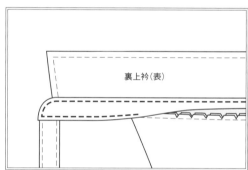

3 上衿を引っ張りながらアイロンで形を整える

4 裏身頃側から裏台衿をつけて縫い代に切り込みを入れ、表台衿をかぶせて表からステッチをかける。熱接着糸（21、47ページ参照）を使うと簡単

{ フリルカラー } 幅広のフリルを衿のようにつける方法

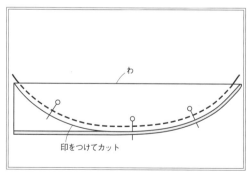

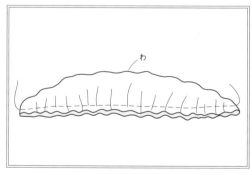

1 フリル布を二つに折って、両端は図のようにカットする。ぐし縫いをするか、大きい針目のミシンをかける

2 ぐし縫いした糸を引き、衿つけ寸法に縮める

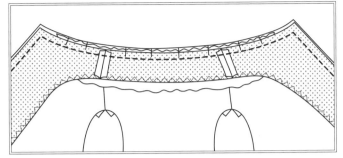
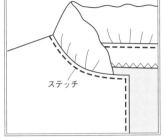

ステッチ

3 衿ぐりにフリル布をつけてから（72ページ参照）見返しを重ね、前端と衿ぐりを縫い合わせる。縫い代を 0.5cm にカットして切り込みを入れる

4 見返しを表に返し、アイロンで形を整えてから衿ぐりにステッチをかける

{ ボータイカラー } 衿からそのままリボンになる衿のつけ方

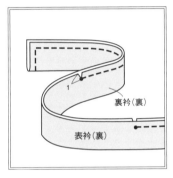

裏衿（裏）

表衿（裏）

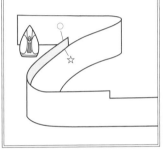

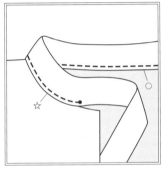

1 必要な長さの衿を中表に折って、ボーになる部分を縫い合わせる。裏衿の衿つけ止まりの縫い代に1cmの切り込みを入れる

2 表に返し、アイロンで形を整える。表衿の衿ぐり縫い代は出来上がりに折っておく

3 裏身頃側からつけて表衿をかぶせて表からステッチをかける。身頃衿ぐりの縫い方は 73 ページのスタンドカラーの B と同じ縫い方

HINT & TIPS

衿には様々な形があり、デザインポイントとなっています。衿の名称を知ると既製品を選ぶときもちょっと楽しくなりそうです

a　ピーターパンカラー

衿先が丸くなったデザインのフラットカラーのことだが、少し首にそう感じの衿。ピーターパンが着ていたことから生まれた名前。子ども服によく使われる

c　ウィングカラー

折り返しが翼を広げたように浮いて、左右、後ろは首にそう形の衿。元来は男子の正装のときにつけたカラーのこと。ブラウスからコートまで広く用いられる形

e　オープンカラー

開衿シャツの衿のこと。衿もとを最初からあけることで涼しくなることから生まれた形

b　チャイニーズカラー（マンダリンカラー）

チャイニーズドレスに使われる衿のこと。スタンドカラーの一種。マンダリンカラーとも呼ばれる

d　ショールカラー（へちま衿）

ショールとは Shawl のことで、肩かけをはおったような形からこの名前がついた。日本ではへちま衿という呼称が一般的

f　テーラードカラー

いわゆる背広衿のこと。上の部分はカラー、下の部分はラベルという名称。ラベルの形や幅、切り込み部分や、打ち合わせの位置を変えること等でいろいろなデザインが生まれる

a　b　c　d　e　f

袖のつけ方 ❸ 袖の形に合わせたいろいろなつけ方。35 ページも参照

{ セットインスリーブ } 袖下を縫ってからつける場合

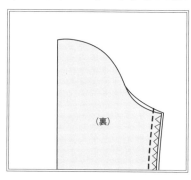

1 袖下を縫い合わせ、袖下の縫い代は始末をしておく

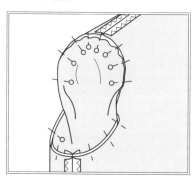

2 まず袖山と袖下、袖ぐりの合い印を合わせてピンを打つ。それから様子を見ながらおさまりよくピンを打つ

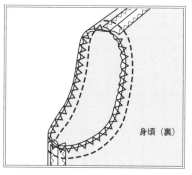

3 袖側からのぞき込むようにしてミシンをかける。縫い代にジグザグミシンまたはロックミシンをかける。この場合の袖の縫い代は袖側に倒す

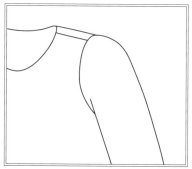

4 表から見たところ

{ いせ込み } ウール等のセットインスリーブをつけるときは、袖山にきれいな形を出すために「いせ込み」をする。このとき大切なことは、つけた袖の表には余分なしわが見えないようにすること

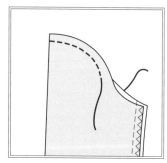

1 袖山の合い印から合い印の間を縫い代部分にぐし縫い(55 ページ参照)をする

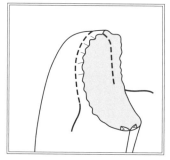

2 糸を少しずつ引いてつけ寸法に縮める

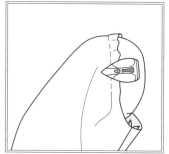

3 丸いアイロン台(袖まんじゅう)もしくはタオルを丸めるなどして差し込み、縮めたい分をスチームアイロンで上手に消し、袖山に丸みをつける

{ ラグランスリーブ } 身頃の斜め切り替えのような袖。スモックなどに使う

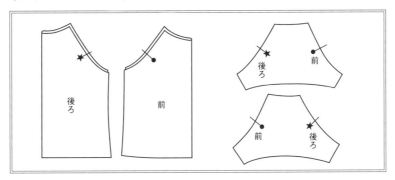

1 前後身頃、左右袖を裁ったら間違えないようにチョークで名称を書き込むか、違いが分かるような印をつけておく。特に袖は間違えやすいので気をつける

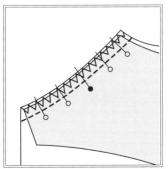

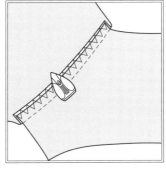

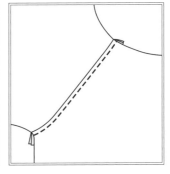

2 まず前身頃に袖をつける。合い印を合わせ、縫い合わせたら縫い代にジグザグミシンまたはロックミシンをかけて始末する

3 縫い代は身頃側に倒してアイロンで押さえる。ステッチをかける前には必ずアイロンをかけるときれいな仕上がりになる

4 表からステッチをかける

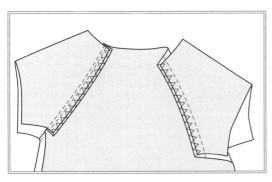

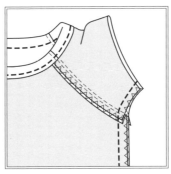

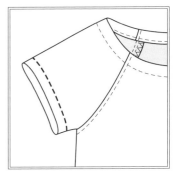

5 前身頃に左右の袖をつけたら後ろ身頃をつける。袖つけの縫い代は前袖と同様に身頃側に倒してステッチをかける

6 衿ぐりの始末をしてから袖下、脇を続けて縫い合わせる。衿ぐりは袖下、脇を縫ってからでは縫いにくいので脇を縫う前に始末する

7 袖口の始末をして出来上がり。スモックブラウスにはラグランスリーブが多いが、初心者にはセットインスリーブより簡単な袖つけ方法

{ キモノスリーブ } 一枚裁ちで袖つけなしの袖の縫い方

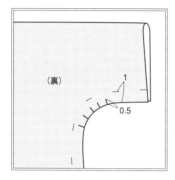

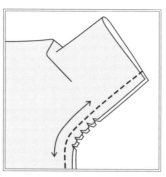

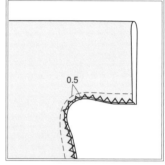

1 一枚裁ちの袖下はそのまま縫うとつれて、仕上がりが美しくないのでカーブの縫い代に 0.5cm の切り込みを入れておく

2 カーブ部分を伸ばすようにしながら袖下、脇を縫い合わせる。その後、切り込みを入れた部分を0.5cmにカットする

3 縫い代をジグザグミシンまたはロックミシンで始末する。カーブ部分を細くしたので表に返してもつれることなく、きれいに仕上がる

HINT & TIPS

袖の形にはセットインスリーブ、ラグランスリーブ、キモノスリーブ以外にもいろいろな名前、形の袖があります

a バルーンスリーブ

風船のように膨らんだ袖。裏布をつけたり、袖口にゴムテープを入れて形作る

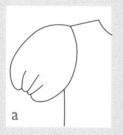

c ドルマンスリーブ

身頃から続いた袖で、身頃側はゆったりしていて袖口は細くなっている

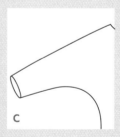

b キャップスリーブ

肩を覆うような小さな袖で、袖山にギャザーを入れる

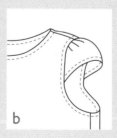

d トランペットスリーブ

袖口でトランペットのように広がった形の袖。ベルスリーブともいう

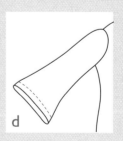

袖口始末 ❶

{ ゴムテープを入れる } 三つ折りにしてゴムテープを通す方法。ゴムテープ幅によって通し幅を調節する

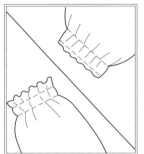
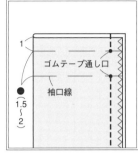
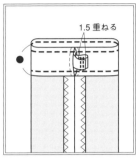
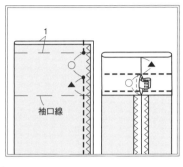

1 アイロンで三つ折りにして折り山をつけ、袖下を縫う。このときゴムテープ通し口を縫い残す

2 通し口の縫い代にミシンをかける(81ページ参照)。三つ折りにしてステッチをかけ、ゴムテープを通す

＊袖口端がフリルのようになる入れ方。1と同じだがゴムテープ通し口位置の違いに注意

パフスリーブの袖口などに使うゴムテープの入れ方

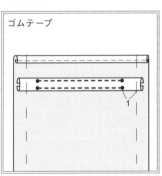
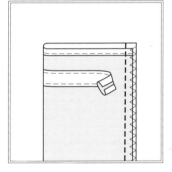

1 袖口に三つ巻き縫いをして(59ページ参照)、袖下から1cmくらい手前までゴムテープ通し布(バイアステープなど)をつける

2 袖下を縫い合わせる。縫い代は2枚一緒にジグザグミシンまたはロックミシンをかける

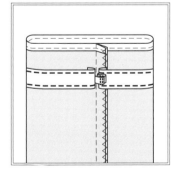
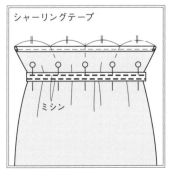
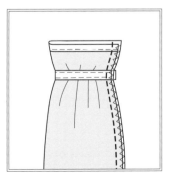

3 ゴムテープ通し布の両端を折って突き合わせにしてミシンをかけ、ゴムテープを通す

1 シャーリングテープをつける場合はテープを均等に伸ばしてピンをとめ、伸ばしながらミシンをかける

2 袖下を縫い合わせ、縫い代の始末をする

{ カフスをつける } あきなしの方法

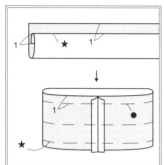

1 カフスを出来上がりに折ってから輪に縫う

2 カフスと袖口を等分して、均等にギャザーを寄せる。袖口の裏側からカフスの●部分を縫いつける

3 表に返して出来上がりに折り、★の部分にステッチをかける

持ち出しつきの方法

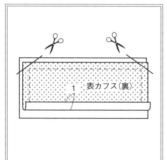

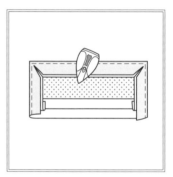

1 表カフスの裏に接着芯をはって出来上がり位置（つけ位置）まで縫い合わせる

2 表カフスの袖口側の縫い代を折る。角はカットする

3 縫い代をミシン目の際から折る

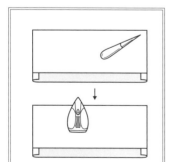

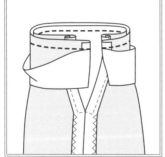

4 表に返し、角を目打ちで整えてアイロンをかける

5 袖の裏側から裏カフスをつける。あきは袖下を縫い残して作ると簡単

6 表に返してステッチをかける。ボタンホールを作って、ボタンをつける

ウエスト始末 ❓ ゴムギャザー、ベルトつけなどデザインに合わせて方法はいろいろ

{ ゴムギャザー } ゴムテープを入れて仕上げる方法3種類

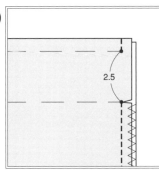

2.5

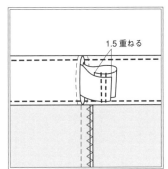

1.5 重ねる

1 ゴムテープを通すところ（ゴムテープ通し口）を残して脇を縫い合わせる。縫い代を2枚合わせてジグザグミシンまたはロックミシンで始末する場合は、図のように1枚だけ縫い代に切り込みを入れる

2 ゴムテープ通し口の縫い代を割り、縫い代にミシンをかける。こうするとゴムテープを通しやすい

3 三つ折りにしてステッチをかけ、ゴムテープ通し口からゴムテープを通す。長さはウエスト寸法の9割くらいで、端は重ねて縫う。三つ折り部分は上辺にステッチをかけてもいい

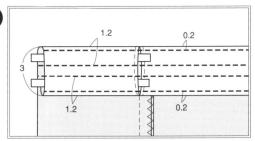

1.2　0.2

3

1.2　0.2

ゴムテープを2本入れる場合、ゴムテープとゴムテープの間のステッチはダブルにすると通したときにきれいなギャザーになる。三つ折り幅が3cmの場合はゴムテープ幅は0.8cm幅が適当

C

1.2

3.5

1.2　0.2

ウエストの上がフリルのようになるゴムテープの入れ方。三つ折り幅を3.5cmにして、3本のステッチをかける。ゴムテープは0.8cm幅が適当

{ バイアステープ始末 } Aは裏バイアス始末、Bはパイピング始末。どちらも簡単な方法

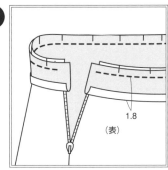

1.8
（表）

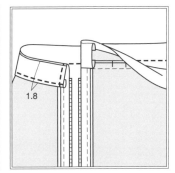

1.8

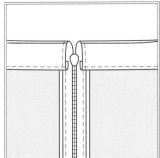

1 市販のバイアステープでも共布バイアステープでも1.8cm幅を使って表側からつける。縫い代に切り込みを入れておく

2 テープを表に返してアイロンで形を整えてからステッチをかける。熱接着両面テープ（21ページ参照）を使うと便利

3 かぎホックをつける（95ページ参照）

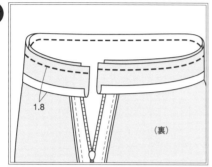

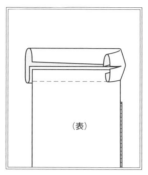

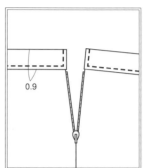

1 市販でも共布でも1.8cm幅のバイアステープを使って裏側からウエストにつける。バイアステープは46ページを参照して折っておく

2 ミシン目のところからアイロンで折る。端は図のように折り込んでから折り山の部分を少しカットする。こうするとすっきり仕上がる

3 テープを表側にたたんで1でつけたミシン目が見えないようにテープをかぶせてステッチをかける

{ ベルト通し } ゴムウエストでもベルトを通したいときに便利

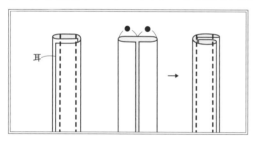

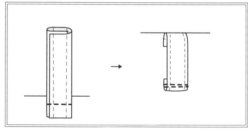

1 1cm幅のテープを作る。布の耳を利用したり、図のように折って作る方法もある。ベルト通しに必要な本数の長さを続けて作る

2 必要寸法にカットしてつける。まずウエスト上辺につけて折り返し、下を縫いつける

{ ウエストベルト } スカートだけではなくパンツにも使う

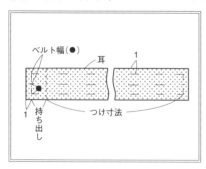

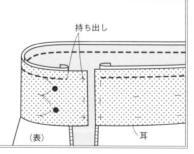

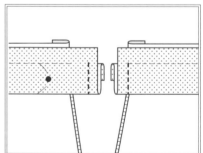

1 共布でベルト布を作る。布の耳を使い、全体に薄地の接着芯をはる

2 表からベルト布をつける。このとき後ろ左スカートには持ち出し分(2〜3cm)をつける。後ろ右スカートはそのまま

3 ベルト布を中表にして出来上がりに折って、持ち出し端を縫う。右スカートのほうは出来上がりに縫う

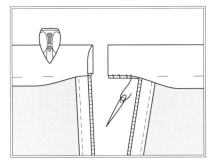

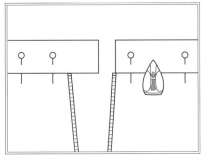

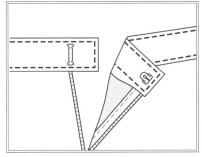

4 ベルト布を表に返してアイロンで出来上がりに折り、持ち出し下端はまつり、耳の部分は折り込まずにそのままにしておく。右スカートのほうも端だけ折り込む

5 アイロンをかけて形を整え、ピンでとめておく

6 ウエストベルトにステッチをかける。ステッチをかけたくない場合はウエストベルトの下辺の際にミシンをかける（落としミシン）。最後にかぎホックをつけて出来上がり

{ 一部ゴムテープのウエストベルト } 見た目はウエストベルトつきでも後ろにゴムテープが入るとはきやすい

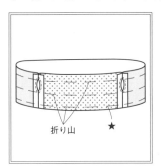

折り山 ★

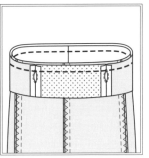

★

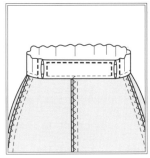

1 ベルト布部分には接着芯をはり、ゴムテープ通し布と縫い合わせる。ゴムテープ通し口を縫い残し、ステッチをかける

2 スカートまたはパンツのウエストに裏からウエストベルト布をつける。ミシン目からアイロンで折る

3 ベルト幅を出来上りに折ってピンでとめ、★部分にステッチをかける。2のミシン目が見えないように折る

4 ゴムテープを通してベルト部分に続けて縫いとめる。ボタンホールつきのゴムテープを使って、ボタンどめにしてもいい

{ ひもを通す } ワンピースなどのウエストに使う

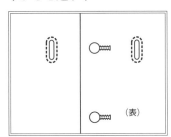

（表）

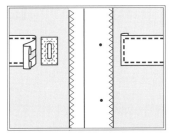

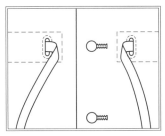

1 60ページを参照してスラッシュあきのひも通し穴を作る。ボタンホール・ステッチで作ってもいい

2 ひも通し布をつける。共布、またはバイアステープなどを使って縫いつける

3 ひも通し口からひもを通して出来上がり

テープ、フリルの使い方 ❷ デザインポイントにもなるテープやフリルのつけ方

{ コードパイピングテープ } シャツや衿の縁に使う

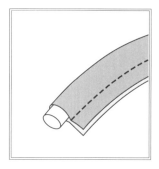
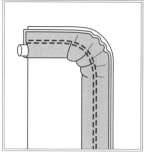
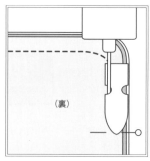
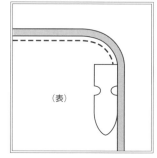

1 バイアステープで細いコードをくるんで作ったコードパイピングテープ。市販でも共布で作ってもいい

2 つける部分にコードパイピングテープを仮どめする。カーブのところではギャザーを寄せてつける。外カーブの距離を考えてその分をギャザーにする

3 見返しなどを重ねて縫い合わせる。押さえ金はファスナーつけに使う片押さえを使うとつけやすい

4 表に返してテープの際にステッチをかける。ステッチなしで仕上げてもいい

{ テープ } 熱接着両面テープを使うときれいに簡単につけられる

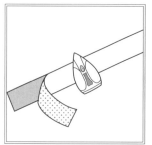
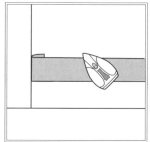
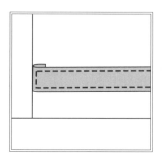

1 熱接着両面テープは5mm幅と10mm幅があれば便利。縫いずれることもなくテープをきれいにつけることができる

2 テープの裏に熱接着両面テープをはりつける。ムラがないようにきっちりアイロンで接着する

3 裏の剝離紙をはがしてテープつけ位置にアイロンで接着する。アイロンは滑らせるのではなく、押しつけるようにしてはるといい

4 接着してからミシンでつける。ピンやしつけではミシンをかけている途中にずれることがあるが、接着してあるのでその心配がない

{ 波形テープ } 山道テープ、リックラックともいうテープの楽しいつけ方

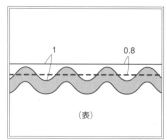
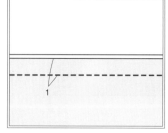
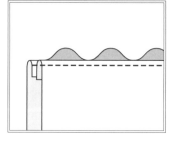

1 波形テープを図のようにミシンで仮どめしておく。いろいろな幅の波形テープがあるがつけ方はどれも同じ

2 縫い合わせる布を重ね、1cm幅で縫い合わせる。仮どめのミシンをきちんとしておくことが重要

3 表に返してアイロンで形を整え、ステッチをかける。衿ぐりや衿端につけると愛らしいデザインになる。バッグの袋口などにも応用できる

{ 共布フリル } ここではブラウスの身頃につける方法を紹介

 A

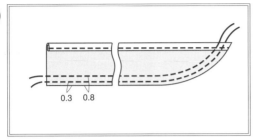

0.3　0.8

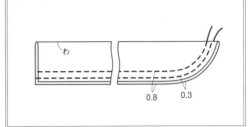

わ

0.8　0.3

1 フリル端を三つ巻き始末（59 ページ参照）にする。片方は丸くカットして、縫い代部分にぐし縫い、または大きい針目のミシンを 2 本かけておく

* 薄地の場合は布を二つ折りにして 1 と同じように作る

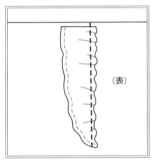

（表）

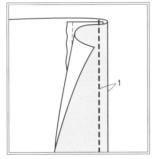

1

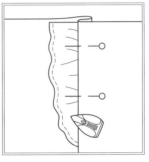

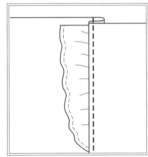

2 縫い代の糸を引いてつけ寸法に縮めてミシンで仮どめする

3 身頃を重ねてフリルと縫い合わせる。身頃はこの縫い代分広く裁っておく

* 3 を省いて身頃を出来上がりに折ってフリルの上に重ね、ピンでとめてもいい。ピンタック（86 ページ参照）の要領でたたむ

4 ステッチで押さえる。タックの場合もステッチで押さえて仕上げる

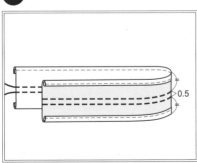 B

0.5

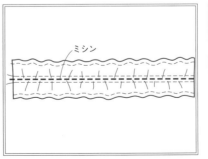

ミシン

1 フリル布の両端を三つ巻き始末にする。中心をぐし縫い、または大きい針目のミシンをかけておく

2 糸を引いてつけ寸法に縮め、フリル布の中心をミシンでつける。スカートの裾や袖口などにも応用できる

 C

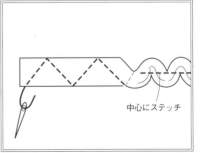

中心にステッチ

* 既製のリボンを図のように三角にぐし縫いして糸を引くと波形テープのようなフリルを作ることができる。リボンは柔らかい素材が向いている

ピンタックとタックの縫い方
簡単なテクニックではないが丁寧に作れば大丈夫。作る楽しみが広がる

{ ピンタック } ブラウスやシャツに使うとグレードアップ

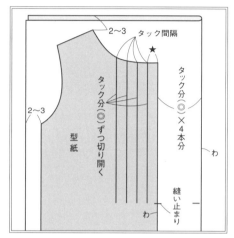

2〜3 タック間隔
★
タック分（◎）×4本分
2〜3
型紙
タック分（◎）ずつ切り開く
わ
わ
縫い止まり

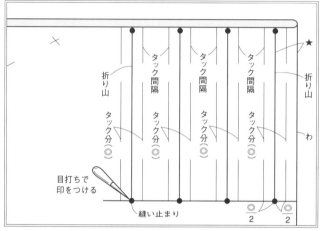

折り山
タック間隔
タック間隔
タック間隔
折り山
わ
★
タック分 ◎
タック分 ◎
タック分 ◎
タック分 ◎
目打ちで印をつける
縫い止まり
2　2

1 型紙を置き、タック分を加えて身頃を裁つ。このとき縫い止まりをしるし、肩線や袖ぐりなどにも簡単に印をつけておく。2〜3cm の余分な縫い代をつけて裁つ（粗裁ちという）

2 まず、布の中心のわの位置から1本めの折り山（★）をはかり、目打ちで上端と縫い止まり位置の2か所に印をつける。2本めからは図のようにタック分とタック間隔をあけて、折り山をしるしていく

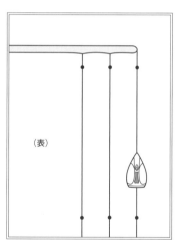

（表）

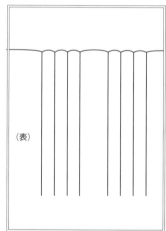

（表）

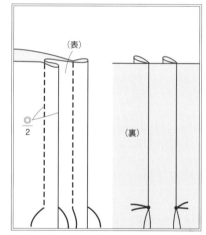

（表）
（裏）
◎
2

3 印のついた折り山をアイロンで押さえる

4 ピンタック位置の印がついたところ。このように折り山をつけておくと、きれいにミシンかけができる

5 ミシンで縫う。縫い止まり位置では返し縫いはせずに糸を 5cm くらい残して糸を切り、糸端を裏身頃側に引き出して結ぶ。結び方は 25 ページのダーツと同じ

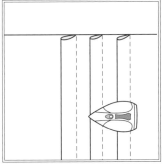

6 タックをアイロンで折る

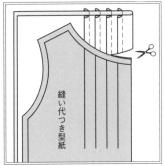

7 表から折り山の線に型紙のタック線を合わせて裁ち直す

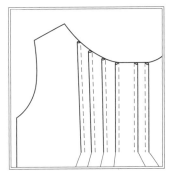

8 ピンタックの出来上がり

{ タック } 身頃やスカートなどの一部をたたむ方法

A

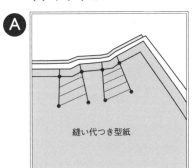

1 タック位置に目打ちで印をつける

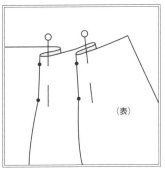

2 印と印を合わせてたたみ、ピンでとめる

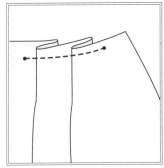

3 たたんだところをミシンで仮どめしてからベルト布をつけたり身頃布をつけたりする

B

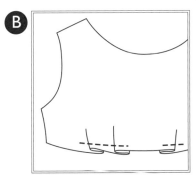

1 身頃にタックを入れる場合もタックをたたんでミシンで仮どめする

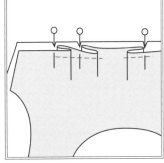

2 スカート布のタック位置の合い印と身頃のタックを合わせてピンでとめる

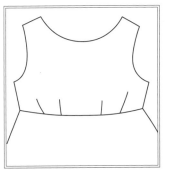

3 縫い合わせる。ギャザーのデザインをタックに変えるとイメージも変わる

プリーツのたたみ方 ❶ 基本的なプリーツスカートはプリーツのたたみ方が最重要ポイント

{ 車ひだ } 同じ方向にたたむプリーツ

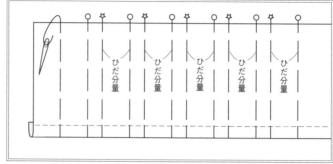

1 裾上げをする。ひだをすっきりたたむために、端をジグザグミシンまたはロックミシンで始末して、二つ折りしてステッチでとめる

2 ひだの位置の印をつける。しつけ糸で下まで印をつける。ひだ山位置（☆）とひだ分量の印（○）をつけたところの糸の色を変えると間違えにくい

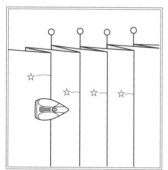

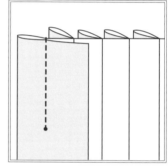

3 印を合わせてひだを1本ずつたたみ、アイロンを押さえつけるようにかける

4 陰ひだ山にステッチをかけるとプリーツの形がくずれにくい

＊ひだ分を途中まで縫い合わせておくと形がくずれにくい

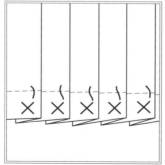

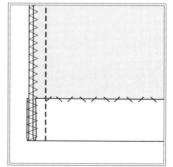

＊ひだの折り山にステッチをかける方法もある

5 裾には表からしつけ糸でプリーツを押さえるように図のようにしつけをかける

＊布をはぐ場合は裾上げをした状態で縫い合わせ、このはぎ目がひだ奥になるように計算してはぎ目位置を決める

{ 箱ひだ・ボックスプリーツ } 全体にたたむデザインもあるし、一部分の場合もある

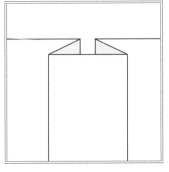

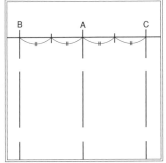

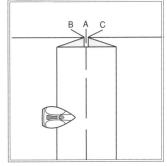

*ひだ山が左右に出るようにたたむプリーツ

1 ひだ幅の2倍の寸法の印をつける。BCを合わせて、そのポイントとAを合わせてたためばできる。印をつけてからたたむといい

2 印を合わせてアイロンで折る。ピンをとめてからアイロンをかけるといい

{ おがみひだ・インバーテッドプリーツ }

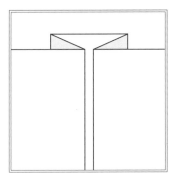

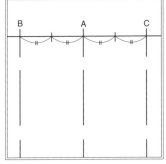

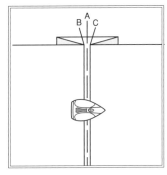

*箱ひだが裏返しになったプリーツ。スカートの前中心にたたむデザインが多い

1 ひだ幅の2倍の印をつける。印のつけ方は箱ひだと同じ

2 ABCのポイントが重なるようにたたむ。ひだ山を印に合わせてピンをとめ、アイロンをかける

{ プリーツの計算方法 }

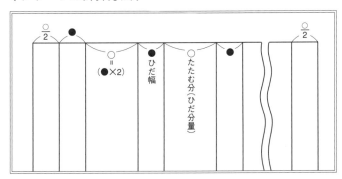

車ひだの場合は一般的に表のひだ幅（●）と裏のひだ幅が同じになるようにたたむ。布をはぐ場合は○印部分の中心のところではぐように調節する。タータンチェック等、チェック柄を利用してプリーツを作る場合は印つけの手間が省けて簡単だが、表ひだ幅と裏ひだ幅がそろわない場合が多いので柄が同じピッチで出るようにひだ幅を調節するといい。

手縫い1 ❸ 裾をまつったりとじ合わせたり、ソーイングに手縫いは必要

{ 糸玉の作り方 } 縫い始める前に作る。きれいにできる方法

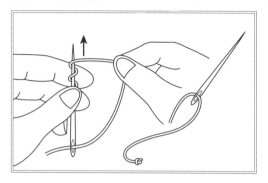

針に糸を通したら糸端を針先に2〜3回巻きつけて、左手で巻いたところを押さえてそのまま針を抜くと、失敗なく糸玉が作れる

{ 並縫い（運針）}

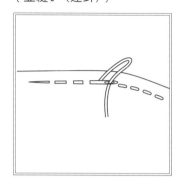

縫い合わせるときに使う縫い方。針を抜かずに続けて縫うときれいな縫い目になる

{ 半返し縫い }

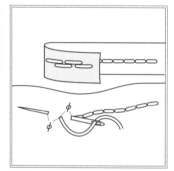

1針ずつ縫う。針目の半分の長さを元に戻すように針を運ぶ。運針の途中でこの縫い方を入れると丈夫な縫い目になる

{ 本返し縫い }

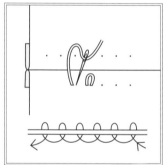

1針ずつ針目と同じ長さを元に戻すように針を運ぶ。刺繍のバック・ステッチと同じような針目になる。厚地の布や丈夫に仕立てたい部分に使う

{ 星どめ }

半返し縫いの要領で返す針目を1mmくらいにする。コンシールファスナーを手でつけるときやウール等厚地の縫い代を押さえたいとき（この場合は表布に針目が出ないようにする）に使う縫い方

{ 巻きかがり }

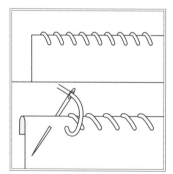

ウール等の縫い代始末に使う。しつけ糸でこの巻きかがりをしておくとほつれにくくなる。裁ち目かがりと同じ

{ 流しまつり }

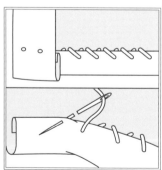

糸が斜めに見えるまつり方。比較的大きい針目で縫う。糸が表に目立たないように織り糸をすくう感じで縫う

{ 奥まつり }

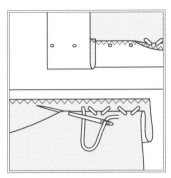

まつり糸が表に出ないまつり方。糸が隠れているのでスカートの裾等に使うと糸がすれることがないので丈夫な仕上がりになる

{ 普通まつり }

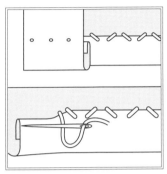

ハの字のようになるまつり方。表になるべく針目が出ないように縫う

{ 千鳥がけ }

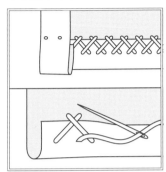

飾りにもなるまつり方。表の見えるところに使って、デザインポイントにしても楽しい

{ コの字とじ }

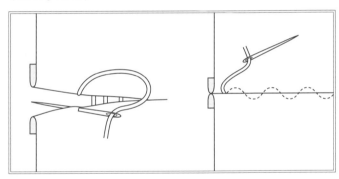

布を突き合わせにしてはぎ合わせるときの方法。返し口をとじ合わせるとき等に使うときれいに仕上がる

{ たてまつり }

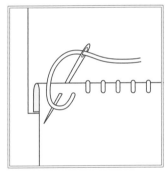

見返し端などをとじつけるとき（30ページ参照）やアップリケなどに使う方法

{ 切りじつけ } ウールなどの印がつきにくい場合の印つけ

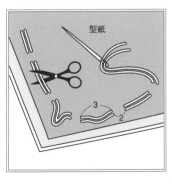

型紙

3
2

1 布に型紙をのせ、しつけ糸2本どりで縫い合わせ箇所やポケットつけ位置などの印をつける。糸は少し緩めに縫い、糸の間を切り離して型紙をはずす

2 糸が抜けないように布をそっとはがして間の糸をカットする。布の上の糸は長い場合は布ぎりぎりのところでカットする。上からたたいて、糸が抜けないように押さえる

{ かんぬき止め }

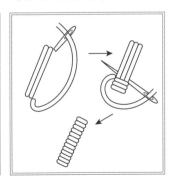

あき止まりやポケット口に補強のために用いられる、ほつれ止めのステッチ

TECHNIQUE L 24

ボタンホール ℹ️ シャツ、ブラウス、ワンピースなどボタンかけのデザインにはボタンホールが必要

{ ミシンで作る } ジグザグミシンで作る簡単な方法

 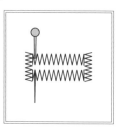 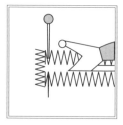 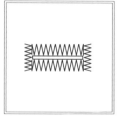

1 ボタンホール用の押さえ金を使わない場合。まず長い辺にジグザグミシンをかける

2 ジグザグミシンで残りの辺と両端を縫ってステッチの出来上がり

3 ボタンホール端にピンをとめる。こうしておくと切りすぎることがないので安心

4 リッパーを差し込んでジグザグミシンの糸を切らないように気をつけてピンのところまで滑らせてカットする

5 ボタンホールの出来上がり。専用押さえ金を使うときもカットのしかたは同じ

{ ボタンホール・ステッチで作る } 手でかがって作る方法。時間はかかっても上等な仕上がりに

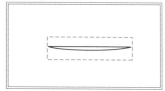 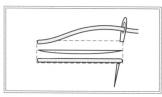 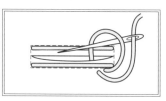

1 ミシンか手縫いでまわりを縫い、ボタンホールの切り込みを入れる

2 糸を長い辺に渡す。このとき1で縫ったステッチの内側になるように刺す

3 図のように糸を出し、糸輪の中に針を差し込む

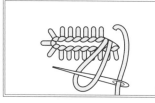 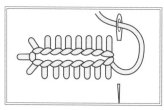 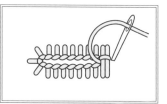

4 3を繰り返す。ステッチの足の長さをそろえて、1のステッチをガイドにして隠れるように刺す

5 最後のステッチは最初の結び目の下から通し、止めのところに2〜3回糸を刺す

6 中心に2回糸を巻いてとめる

{ 糸ループで作る } ワンピースの上端やスカートのウエストにも使う

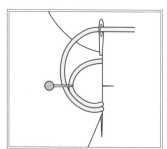 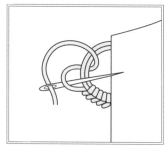 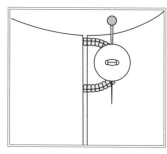

1 ピンをとめてループのサイズを決めて糸を2回渡す

2 ボタンホール・ステッチの要領で、1で作った芯糸が隠れるまで繰り返す

3 ループをピンでとめてボタン位置を決めてからボタンをつけるといい

{ ループで作る }

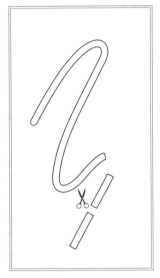

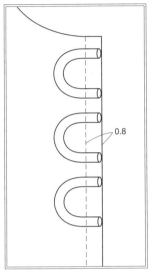

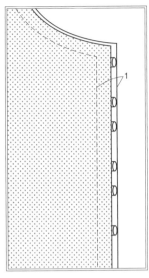

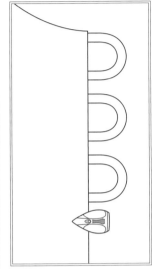

1 48 ページを参照してループを作り、必要な長さにカットする

2 ループつけ位置にループを仮どめする。ループ位置はつける部分の縫い代に少し切り込みを入れておくといい

3 見返しを重ねて縫い合わせる

4 表に返し、アイロンで形を整えて出来上がり

{ ボタンホールの印つけ }

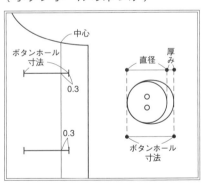

ボタンホール位置の印をつけるときは、図のようにはかって印をつける。ボタンは前や後ろ中心の位置につけるが、ボタンホールはボタンつけの糸足分、重なりが増えるので、端を中心線から 0.3cm くらい出たところにする。またボタンホールの寸法はボタンの直径十厚み分で決める

{ チャイナボタン }

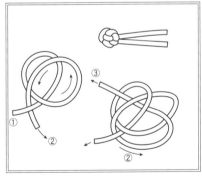

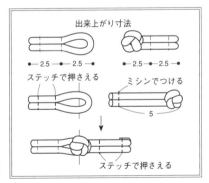

1 48 ページを参照してループを作り、中に並太毛糸を2本通してひもを作り、図のように編んでボタンを作る。目打ち等でバランスを整えてきれいな丸みを出す

2 ボタンと同じ要領でループを作り、図の寸法でつける。端を出来上がり寸法で身頃につけ、折り返してステッチで押さえる

手縫い 2 ⓘ

{ スモッキング } ギャザーを寄せた上に刺繍をする装飾的なギャザー寄せ。水玉やチェックを使うと簡単で効果的

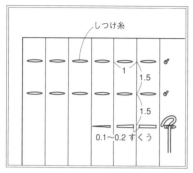
しつけ糸
1
1.5
1.5
0.1〜0.2 すくう

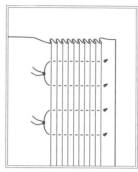

1 無地の場合は印をつける。横の目の間隔は 0.5 〜 1cm、縦 1 〜 1.5cm 間隔が一般的。針で印のところを 0.1 〜 0.2cm すくう

2 糸は 2 本ずつ結んでおく。この糸は刺繍が終わったら取り除く。

3 スチームアイロンの蒸気を当てて整える

{ ロープ・ステッチ }

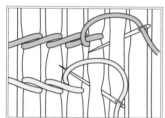

{ ケーブル・ステッチ }

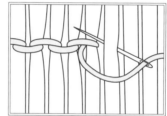

{ フェザー・ステッチ }

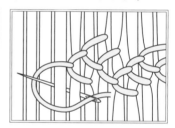

{ シェブロンハニコム・ステッチ }

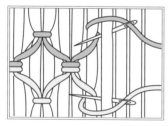

{ ヴァンダイク・ステッチ }

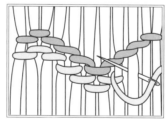

{ ハニコム・ステッチ }

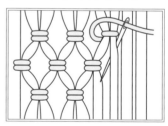

布の見積もり方

スモッキングする布幅の使用量は布の厚み、ひだの深さによっても変わるが、下記を目安に見積もる。丈も少し縮むので、出来上がり寸法の 1.2 倍くらいを見積もっておくといい

極薄地／スモッキング幅×3 〜 4
薄手／スモッキング幅×2.5 〜 3
中肉／スモッキング幅×2 〜 2.5

{ フレンチノット・ステッチ }

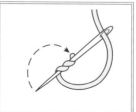

{ チェーン・ステッチ }

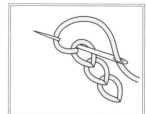

{ ボタンつけ } 穴あきボタンのつけ方。2つ穴も4つ穴も同じ方法で

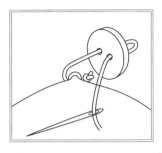 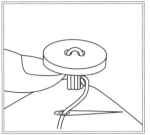 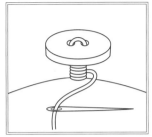 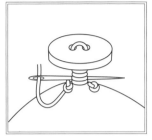

1 糸玉を作って、表からつけ位置を2針小さくすくい、ボタン穴に針を通す。糸はボタンつけ糸が適している

2 ボタンの下に指先を差し込んでボタンの足の長さを決める。糸は2〜3回通して足の長さをそろえる

3 足の部分に糸を巻く。こうすることでかけやすく丈夫なボタンつけになる

4 糸玉を作り、足の間に糸をくぐらせてからカットする

{ スナップつけ } ボタンの下につけたり、隠れたところで形を整えてくれる

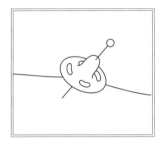 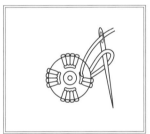 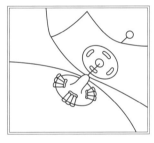 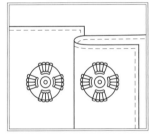

1 上前からつける。凸スナップの穴にピンを刺してつけ位置にセットする。こうすると正しい位置につけることができる

2 ボタンホール・ステッチ（92ページ参照）と同じ刺し方で1穴に3針くらい刺してつける

3 凹スナップを凸にはめて、同じようにピンを刺して位置を決める

4 凹スナップもボタンホール・ステッチでつける。つけ終わったら糸玉を作り、スナップの裏に隠れるようにして糸を切る

{ かぎホックつけ } Ⓐ

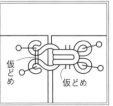
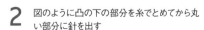
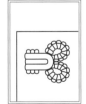
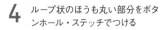

Ⓑ

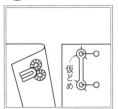

Ⓒ

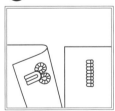

1 かぎホックをセットしてピンでとめ、つけ位置を決める。位置が悪いとすきまがあいてフックの意味をなさないので注意する

2 図のように凸の下の部分を糸でとめてから丸い部分に針を出す

3 丸い部分をボタンホール・ステッチ（92ページ参照）でつける

4 ループ状のほうも丸い部分をボタンホール・ステッチでつける

B フックタイプには受けるほうの形の違うものがある。この場合も位置決めをしてから丸い部分をボタンホール・ステッチでつける

C 糸ループ（92ページ参照）の要領で受けるほうを作る場合もある。ワンピースのファスナーあきなどはこの方法で

月居良子 Yoshiko Tsukiori

デザイナー。婦人服はもちろん、赤ちゃん服からウエディング
ドレスまで得意分野は幅広い。シンプルなのに着ると立体的
になる美しいシルエットに定評があり、日本だけでなく海外
でも人気を博している。著書に『月居良子のシャツ＆ブラウス』
『月居良子のワンピース』（小社）、『おんなのこのよそいきドレス』
『月居良子の一年中のトップス＆ワンピース』『月居良子の一年
中のパンツ＆スカート』（ともに文化出版局）ほか、著書多数。

Staff

装丁、レイアウト	天野美保子
撮影	滝沢育絵（カバー・口絵）
	南雲保夫（P.16 ～ P.48）
型紙トレース・配置、 　作り方解説（P.4 ～ P.15）	並木 愛
イラストトレース	薄井年夫
編集	室野明代
改訂版編集	山地 翠

改訂版
作りながらマスターする、ソーイングの基礎

著 者　月居良子
編集人　石田由美
発行人　倉次辰男
発行所　株式会社主婦と生活社
　　　　〒104-8357　東京都中央区京橋3-5-7
編集部　☎ 03-3563-5361　FAX.03-3563-0528
販売部　☎ 03-3563-5121
生産部　☎ 03-3563-5125
https://www.shufu.co.jp/

製版所　東京カラーフォト・プロセス株式会社
印刷所　凸版印刷株式会社
製本所　共同製本株式会社

ISBN978-4-391-15687-4
©Yoshiko Tsukiori 2021 Printed in Japan

布地提供
CHECK & STRIPE（P.8、P.12、P.14）
http://checkandstripe.com
＊作品に使用した生地は 2021 年 11 月現在のため、
　販売が終了となる場合もあります。

協力
クロバー（洋裁用具　＊一部旧仕様商品含む）
大阪府大阪市東成区中道 3-15-5　お客様係 tel.06-6978-2277
https://clover.co.jp
アックスヤマザキ（山﨑範夫の電子ミシン　＊旧機種）
大阪府大阪市生野区舎利寺 3-12-5　フリーダイヤル 0120-55-5564
ティファール（スチームアイロン）
お客様相談センター　ナビダイヤル 0570-077-772